CLASSIC CARS

COLORING BOOK

This Book Belongs to

____

INDEX

1. 1925 Rolls Royce Phantom
2. 1929 Bentley Blower
3. 1936 Bugatti Type 57SC Atlantic
4. 1944 Jeep Willys
5. 1948 Tucker Torpedo
6. 1954 Mercedes Benz 300 SL
7. 1954 Porsche 356
8. 1960 Aston Martin DB4 GTZ
9. 1960 Maserati 3500 GT Spyder
10. 1961 Austin Healey 3000 MKII
11. 1961 Jaguar E Type
12. 1962 Citroen DS
13. 1962 Ferrari 250 GT
14. 1963 Chevrolet C2 Corvette
15. 1963 Volvo 1800 S
16. 1964 Aston Martin DB5
17. 1965 Ford Shelby Mustang GT350
18. 1965 Shelby Cobra 427 SC
19. 1966 Ford GT40
20. 1966 Shelby GT350
21. 1967 Mini
22. 1967 Alfa Romeo Tipo 33 Stradale Prototipo
23. 1967 Pontiac Tempest GTO
24. 1967 Toyota 2000GT
25. 1968 Volkswagen Beetle
26. 1969 Mercedes Benz 280SL Roadster
27. 1970 Lamborghini Miura P400
28. 1972 Ferrari 365 GTB/4 Daytona Spyder
29. 1973 Lancia Stratos
30. 1974 Bmw 2002 Turbo
31. 1975 Porsche 911
32. 1976 Datsun 280Z
33. 1976 Volkswagen Golf GTI
34. 1979 Bmw M1
35. 1981 Delorean DMC 12
36. 1982 Lamborghini Countach LP500 S
37. 1984 Ferrari 288 GTO
38. 1985 Audi Quattro Sport WRC
39. 1986 Lamborghini LM002
40. 1987 Ferrari F40
41. 1988 Acura Legend Coupe
42. 1988 Porsche 959S
43. 1989 Nissan Skyline GT-R
44. 1991 Acura NSX
45. 1992 Land Rover Defender
46. 1996 Mclaren F1 LM
47. 2002 Ferrari Enzo
48. 2007 Mazda MX-5
49. 2010 Alfa Romeo 8C Competizione
50. 2011 Bugatti Veyron EB 16.4

TEST YOUR COLORS HERE

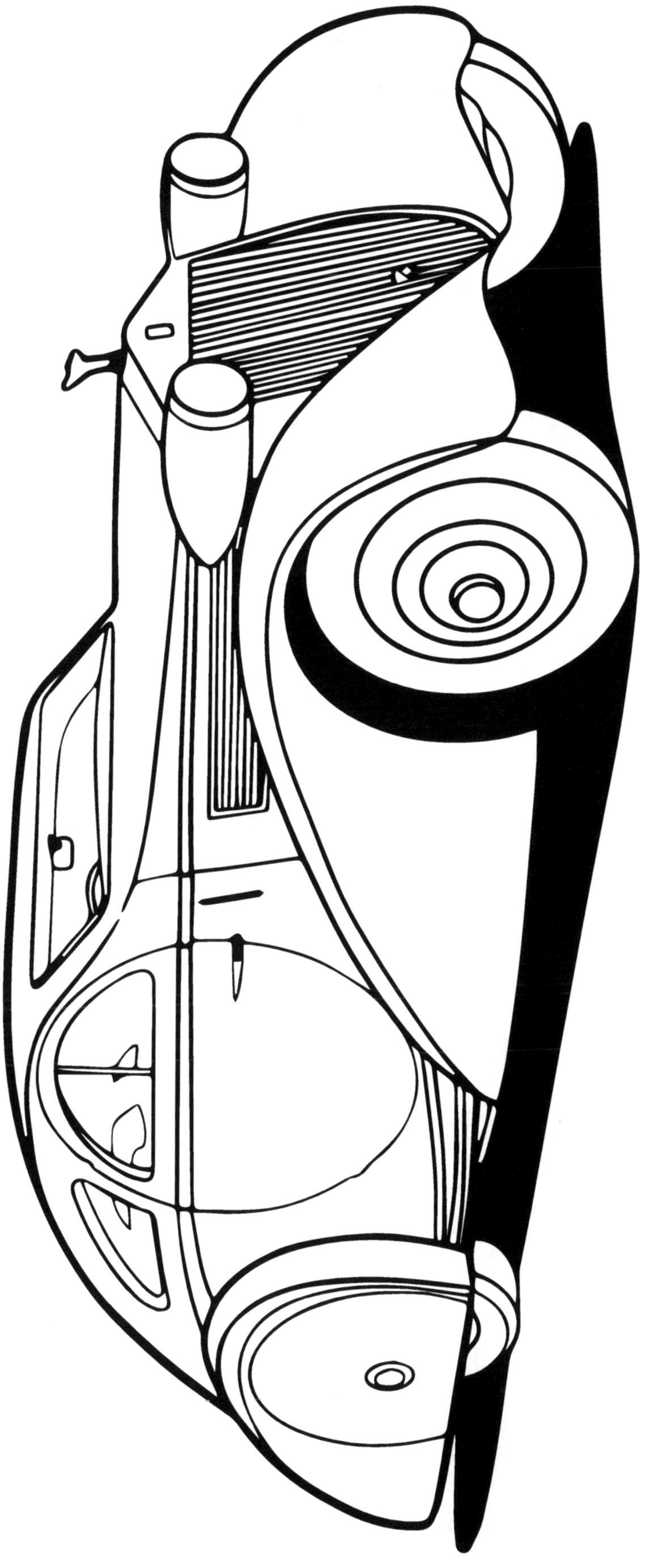

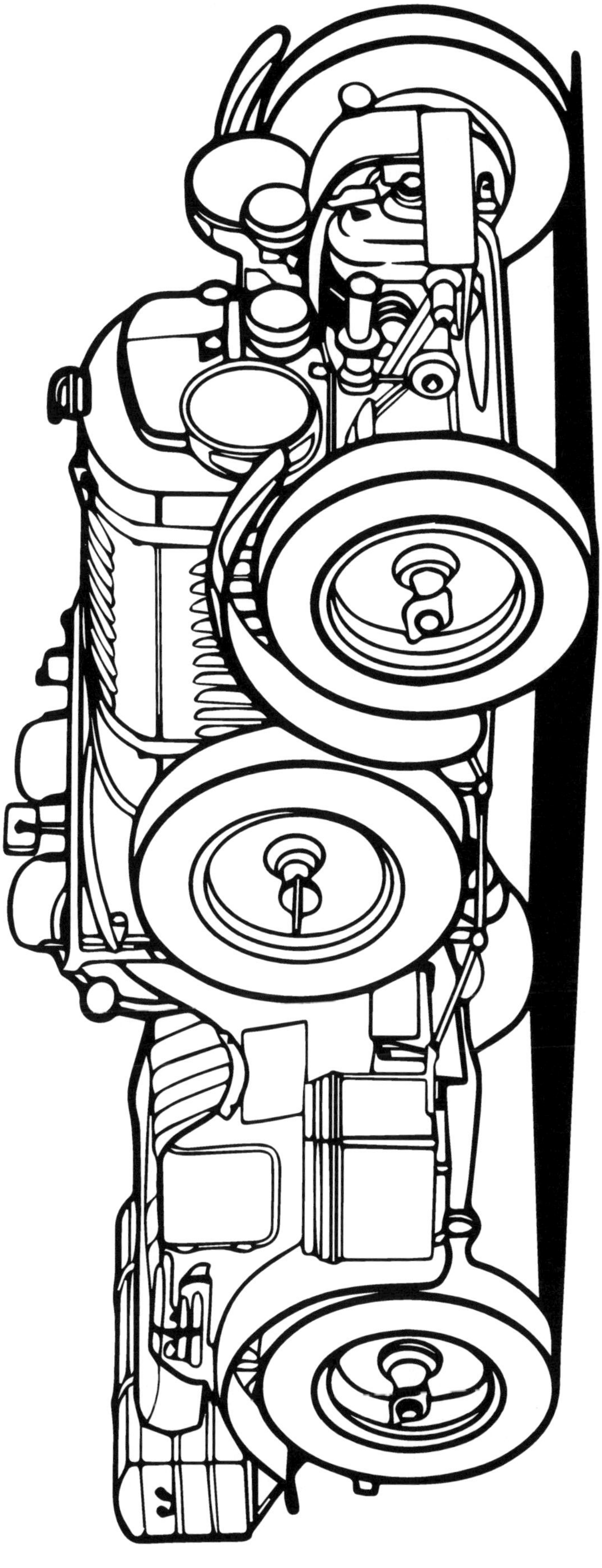

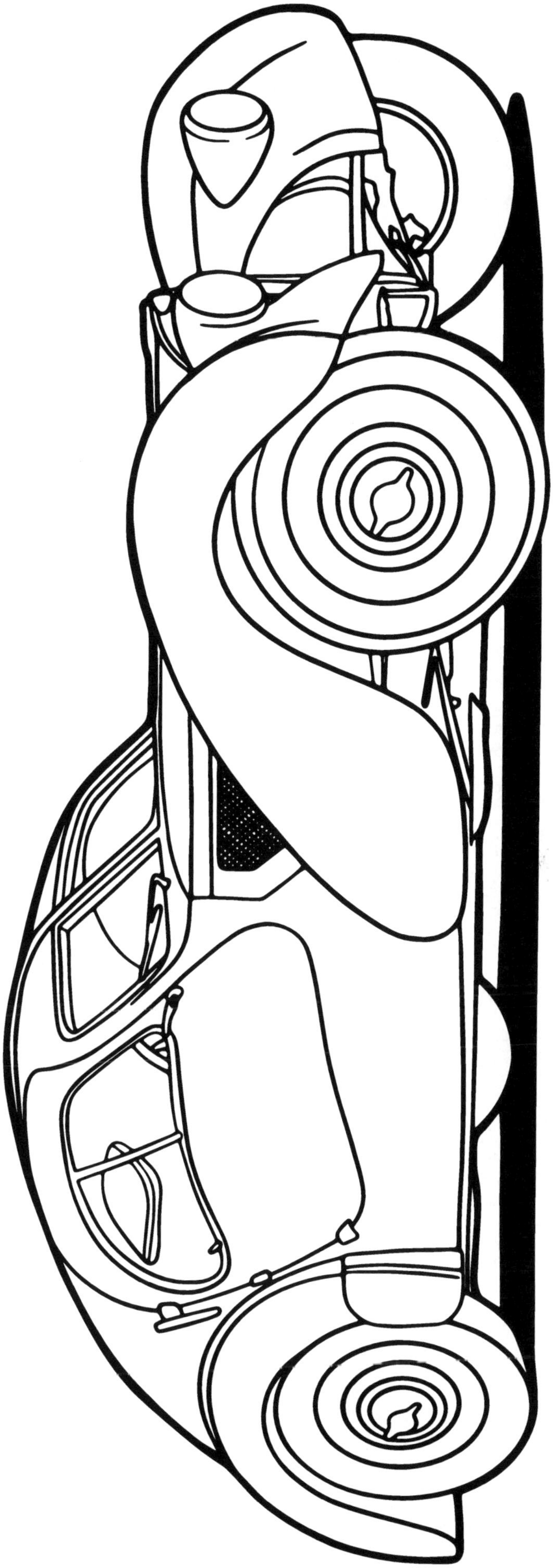

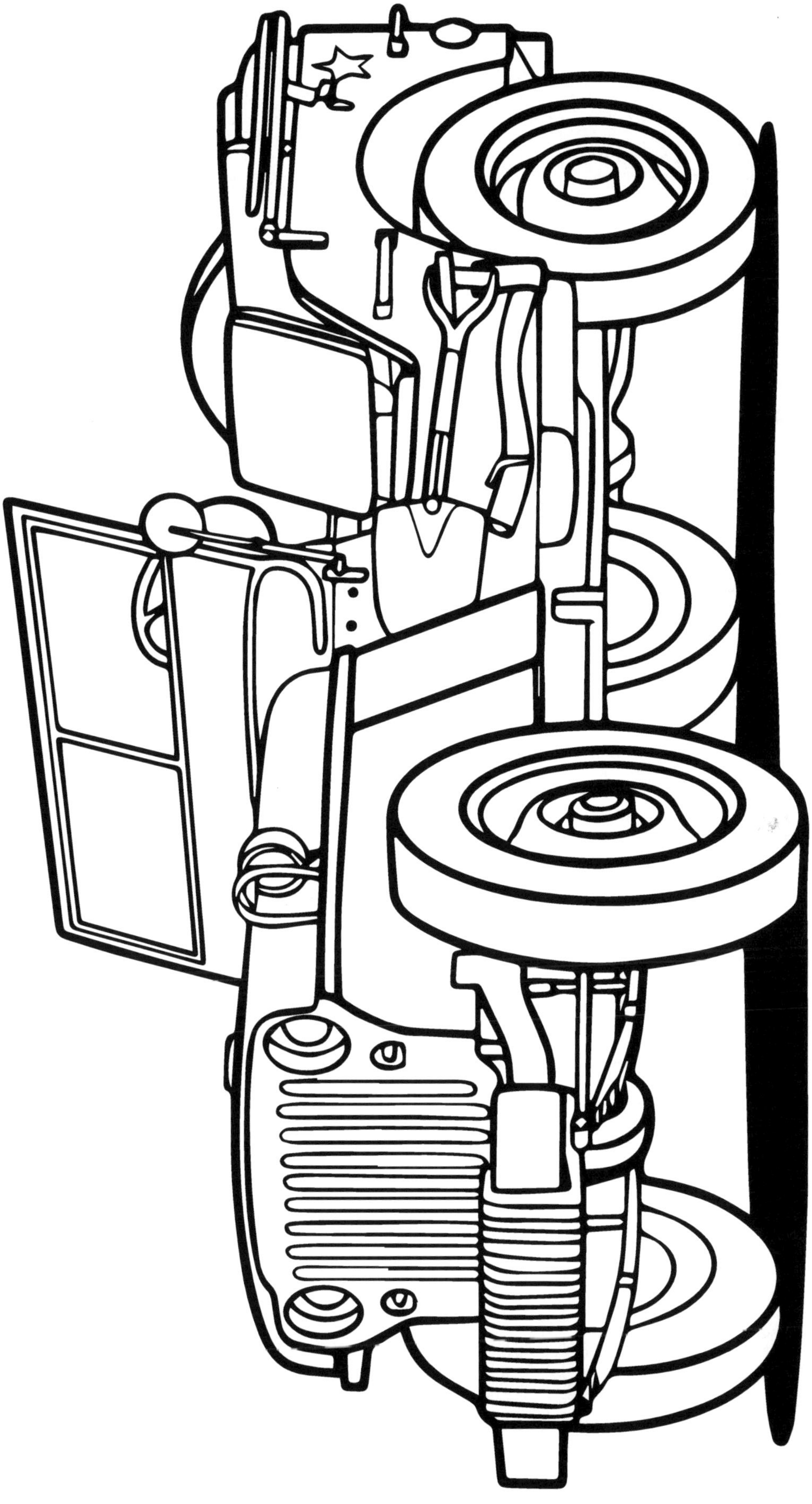

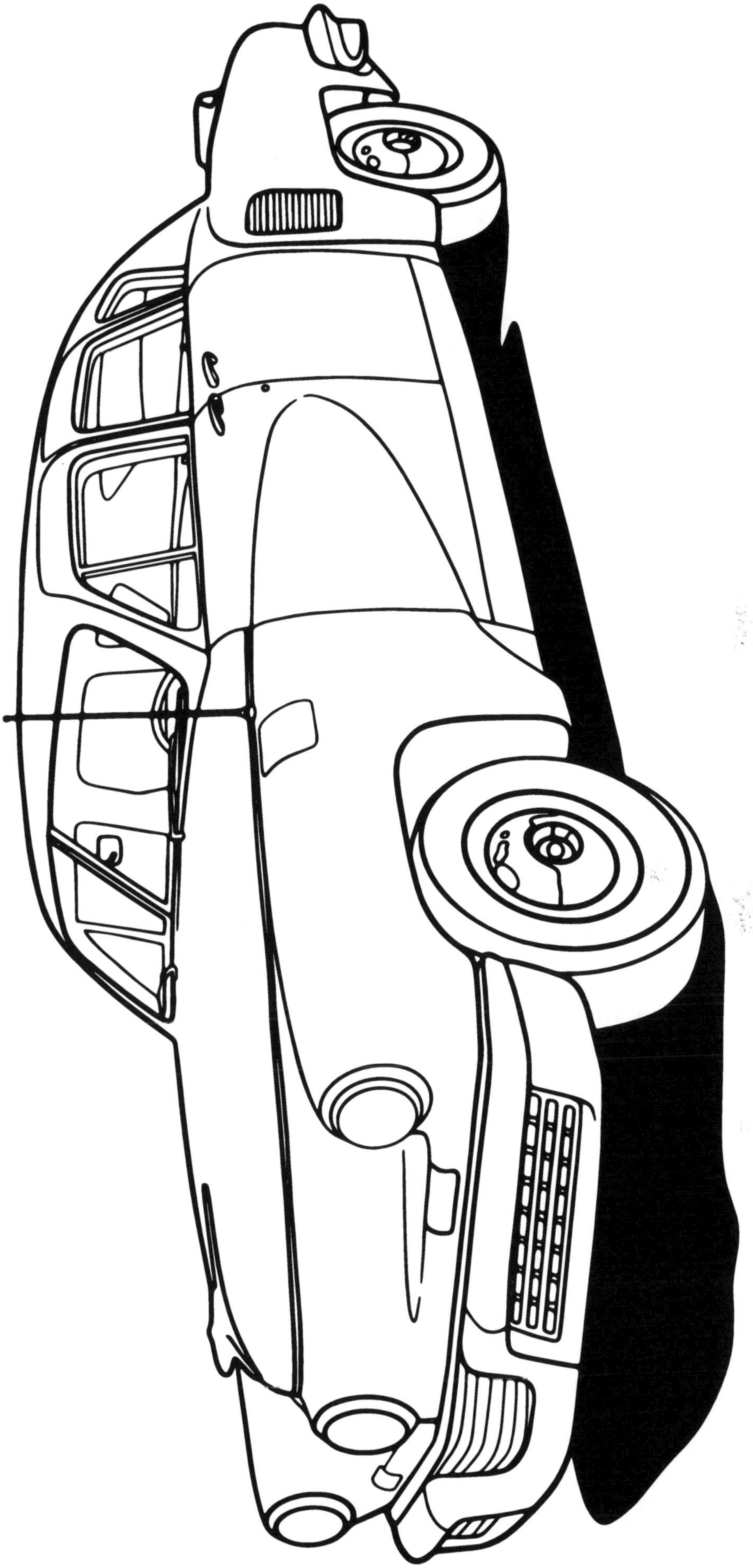

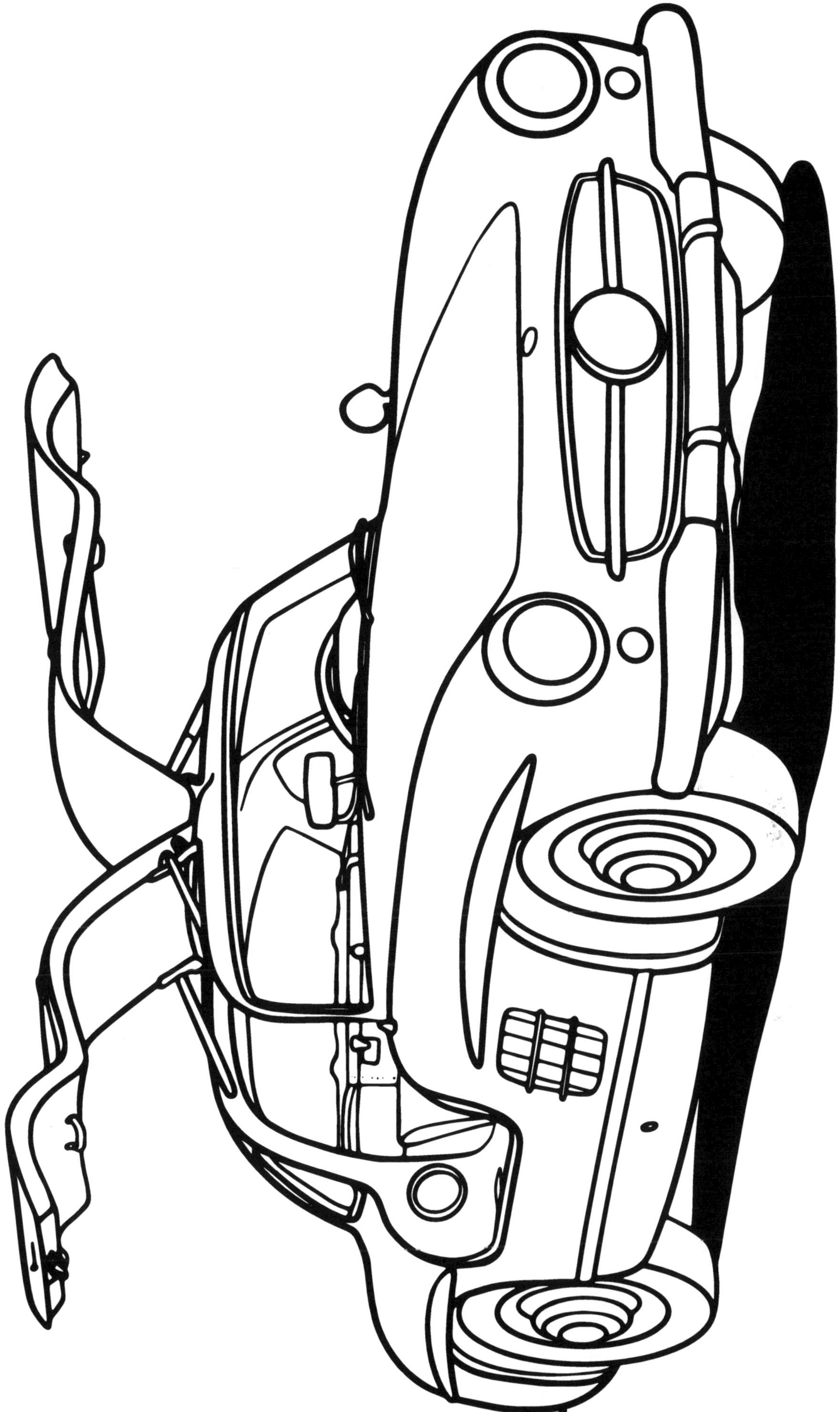

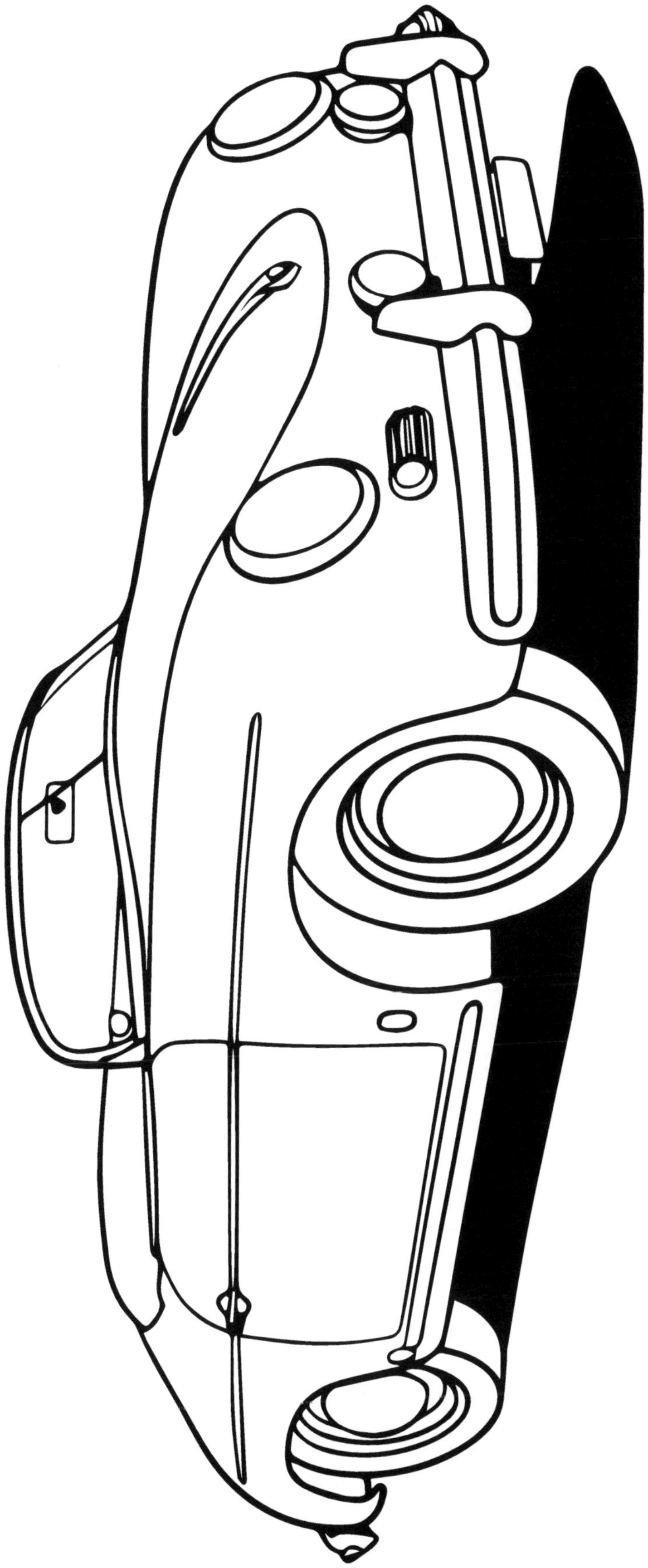

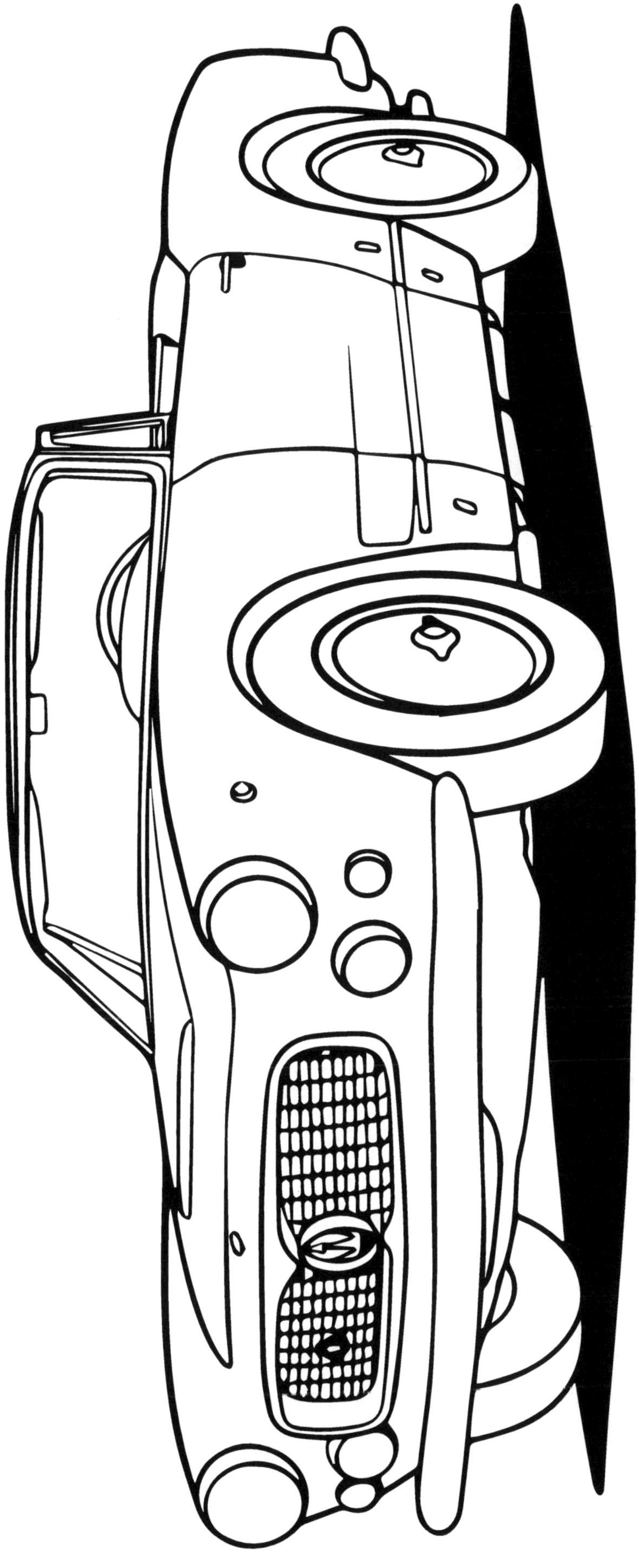

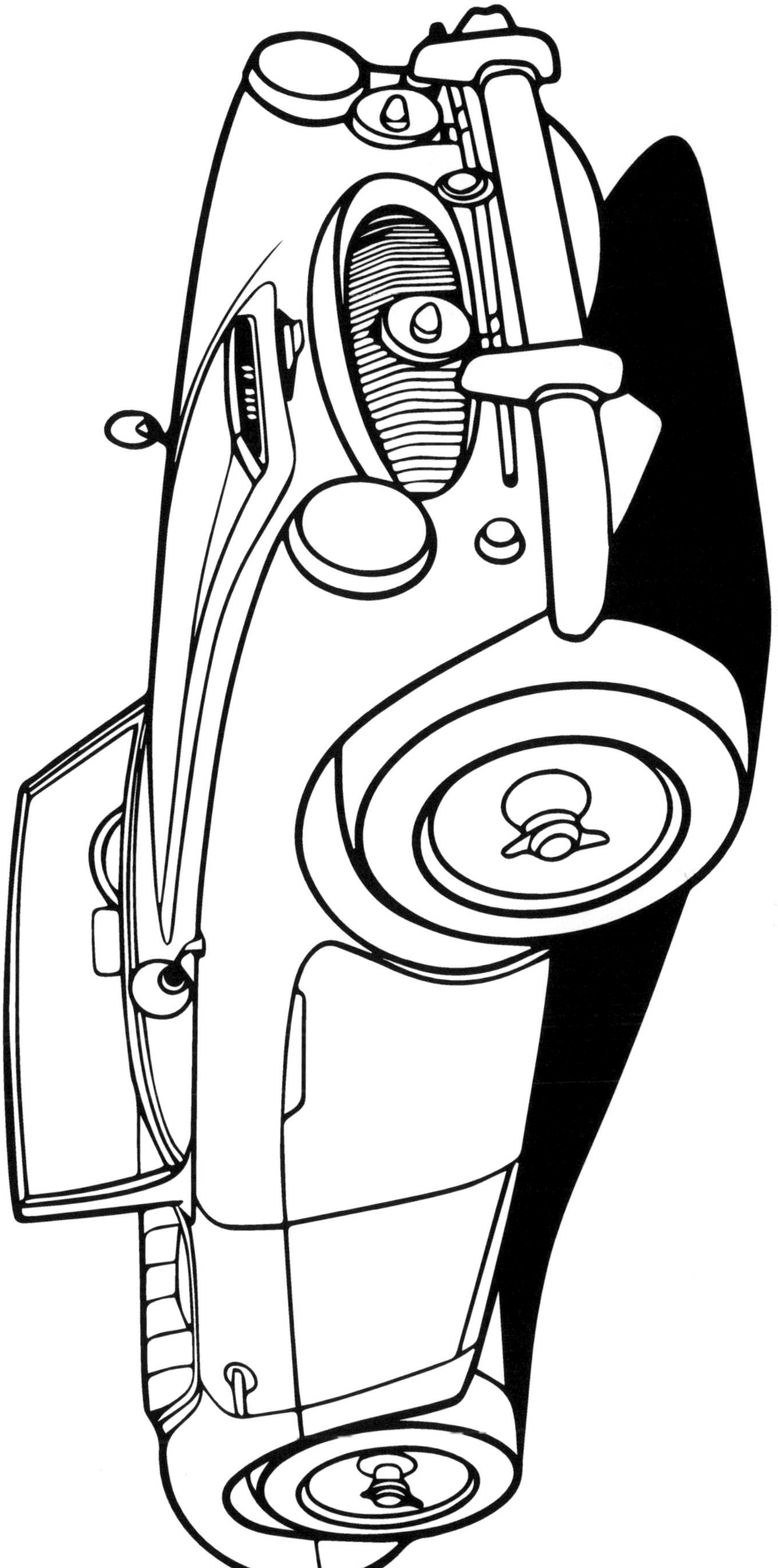

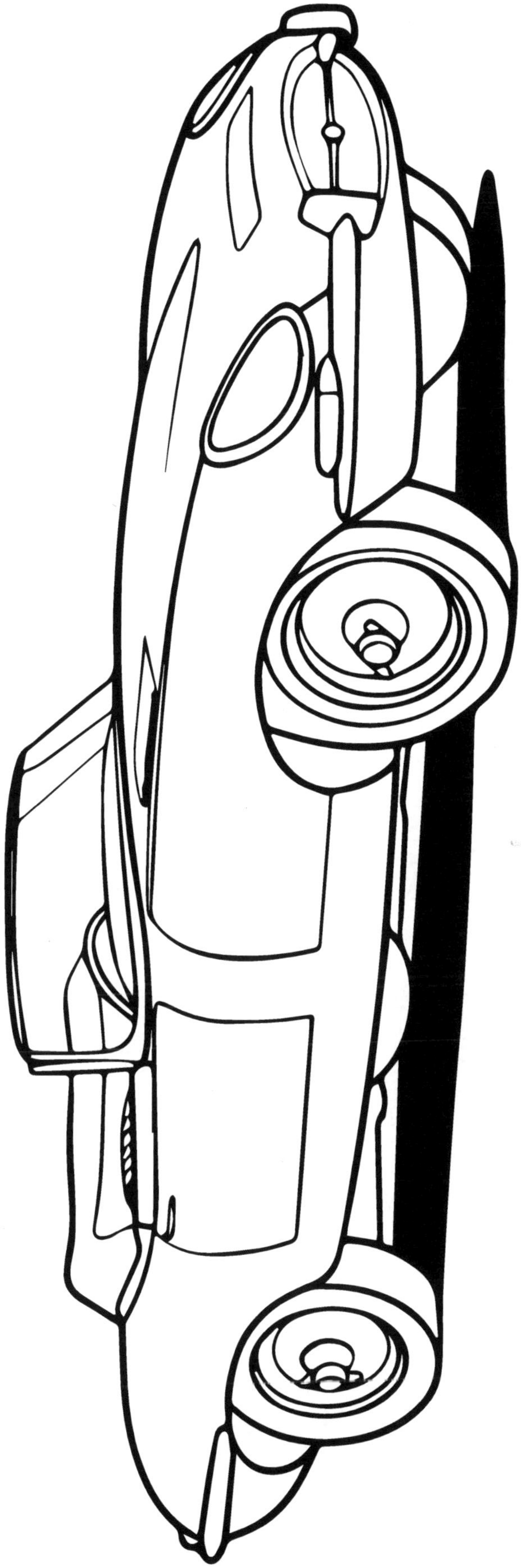

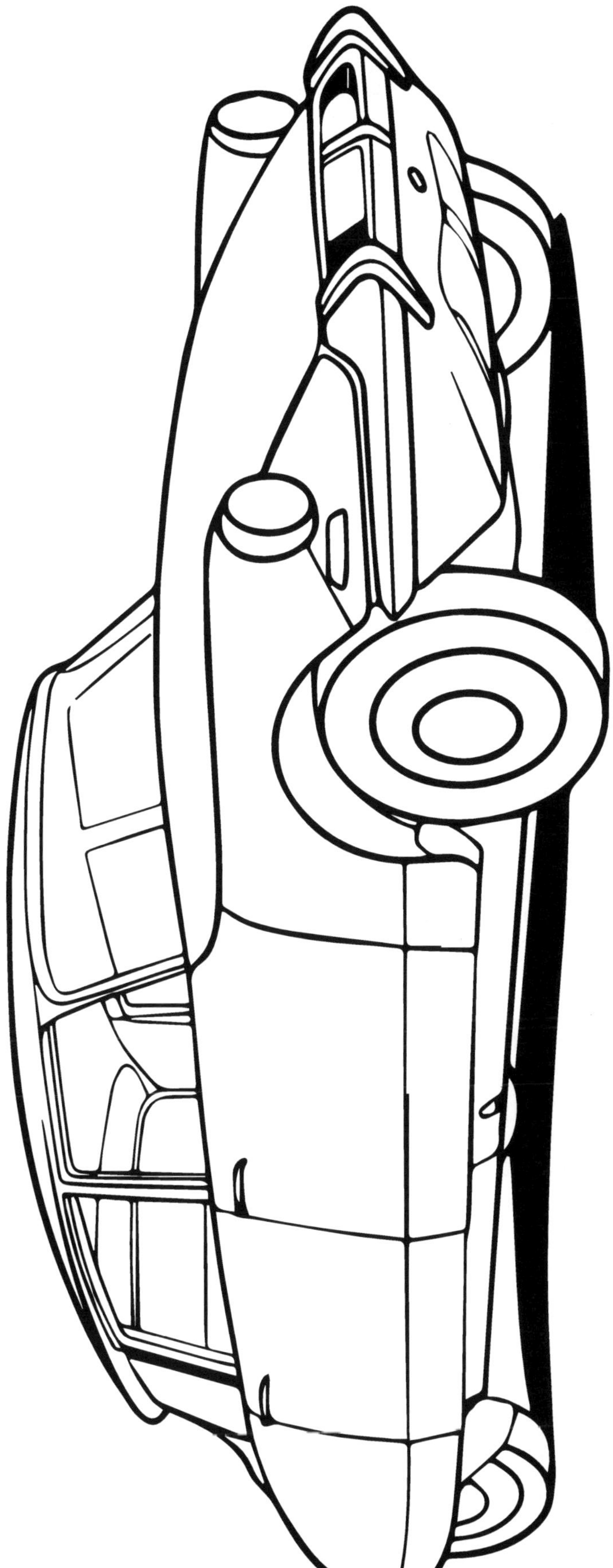

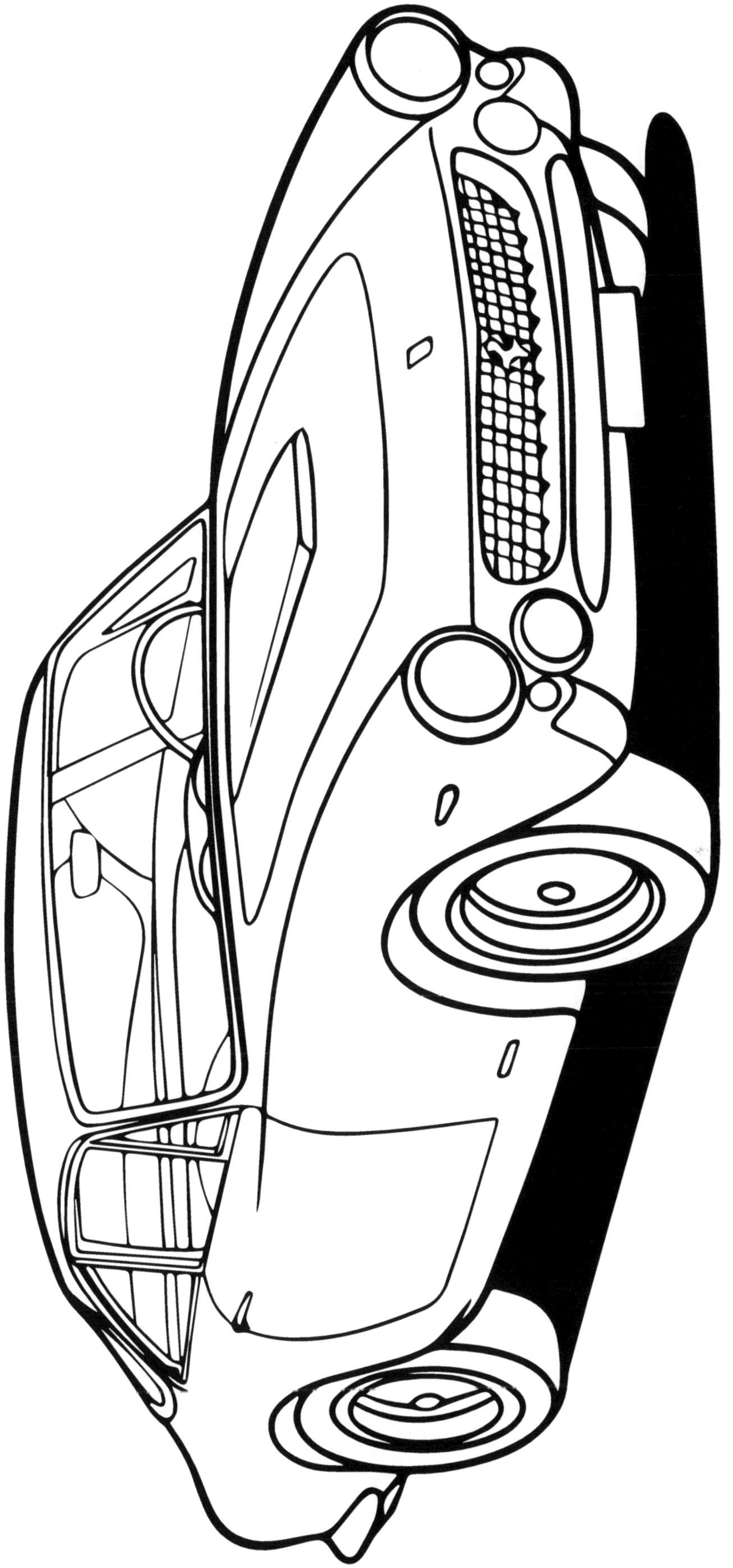

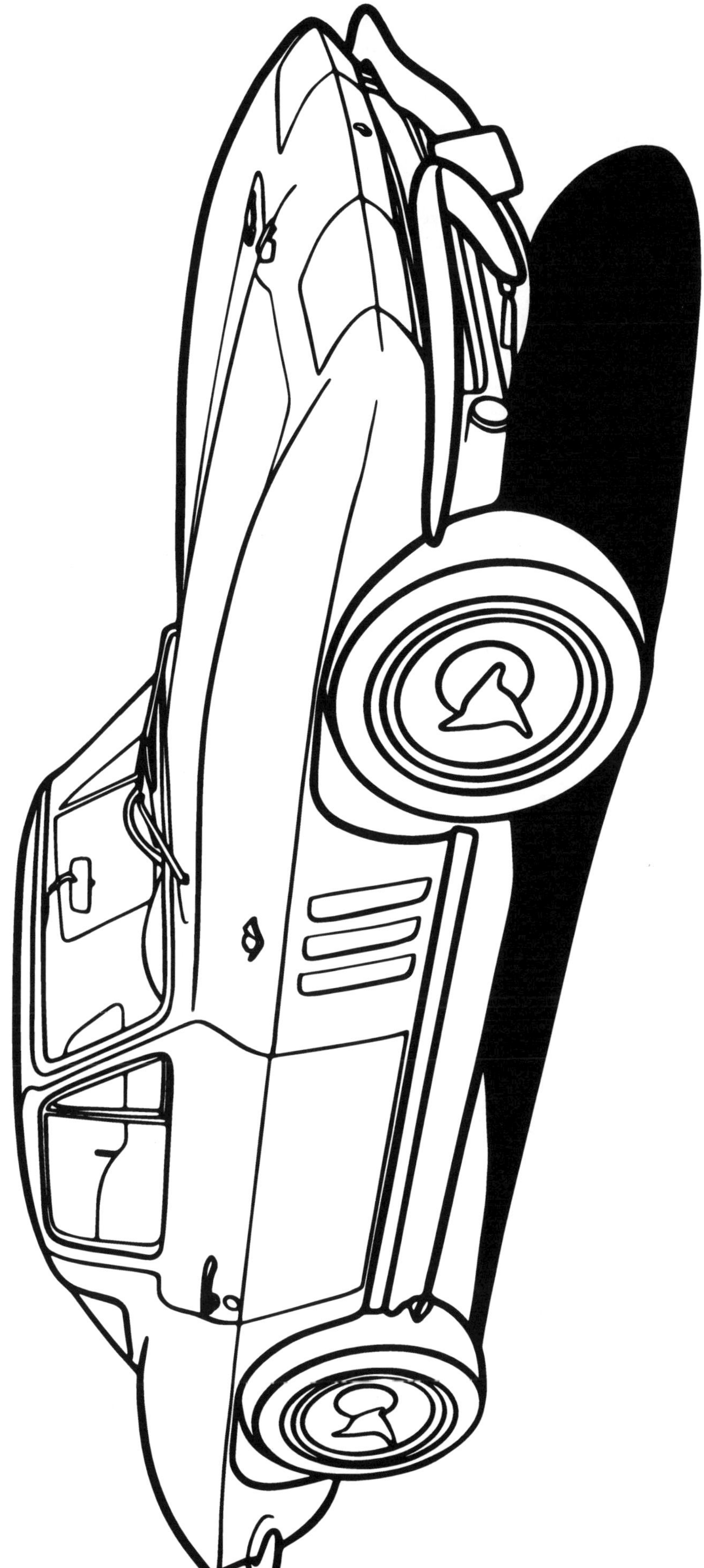

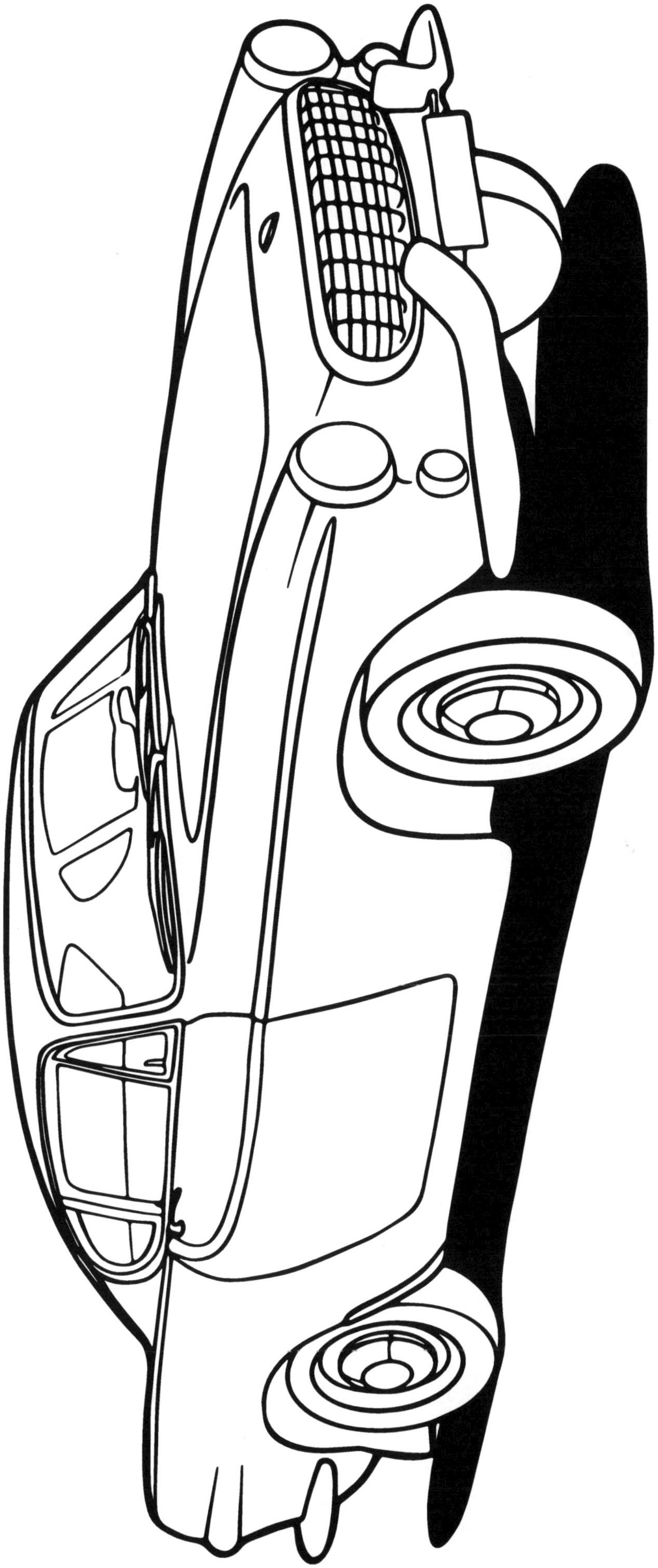

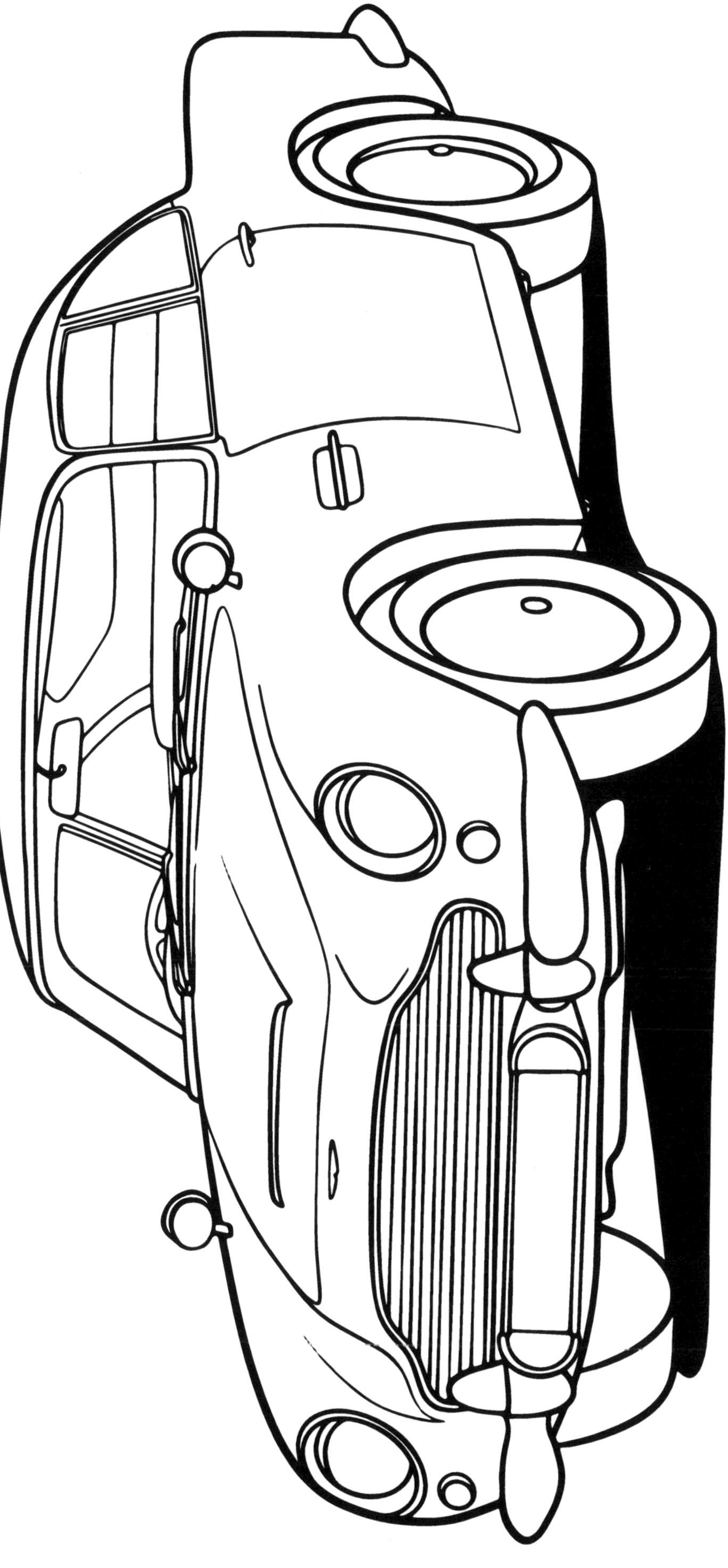

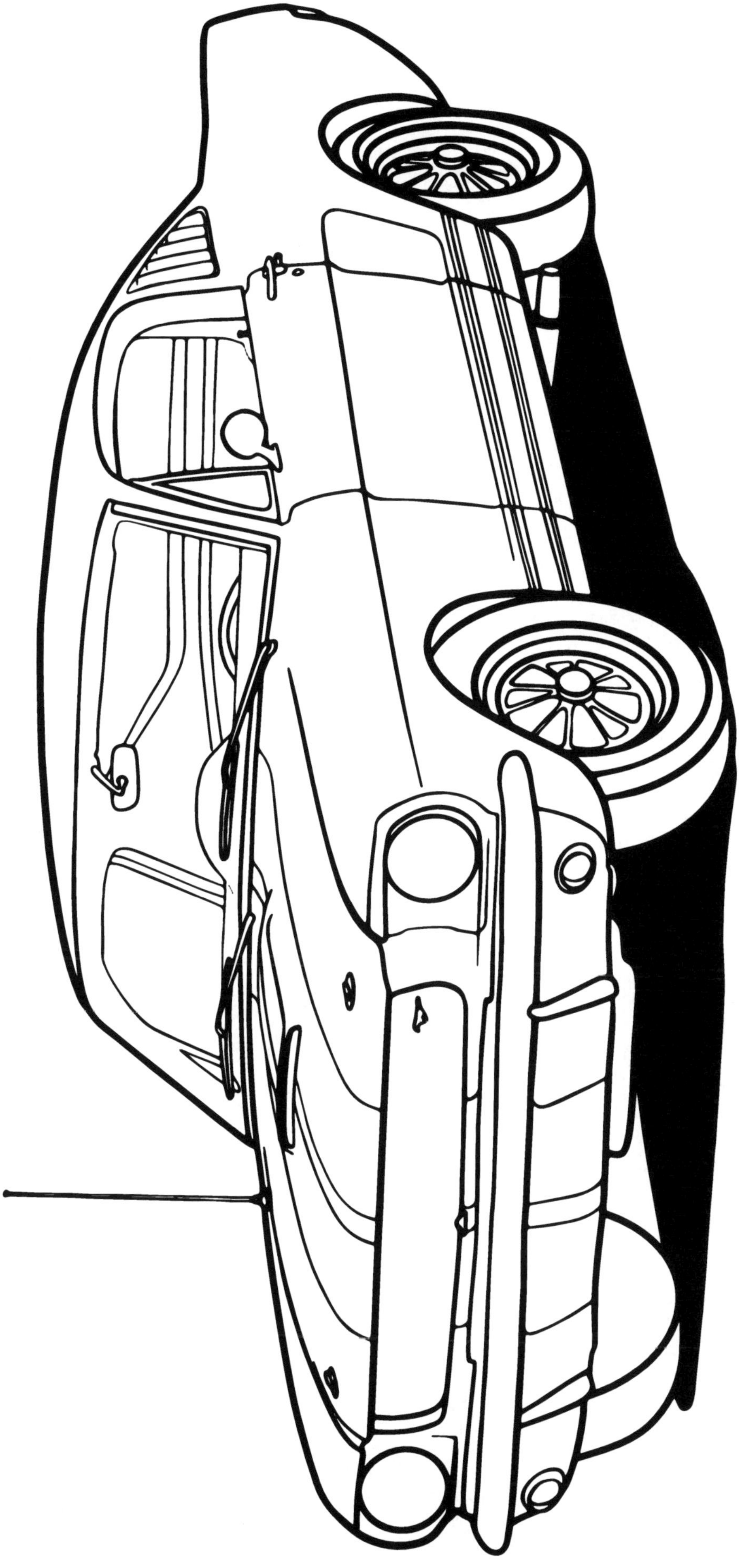

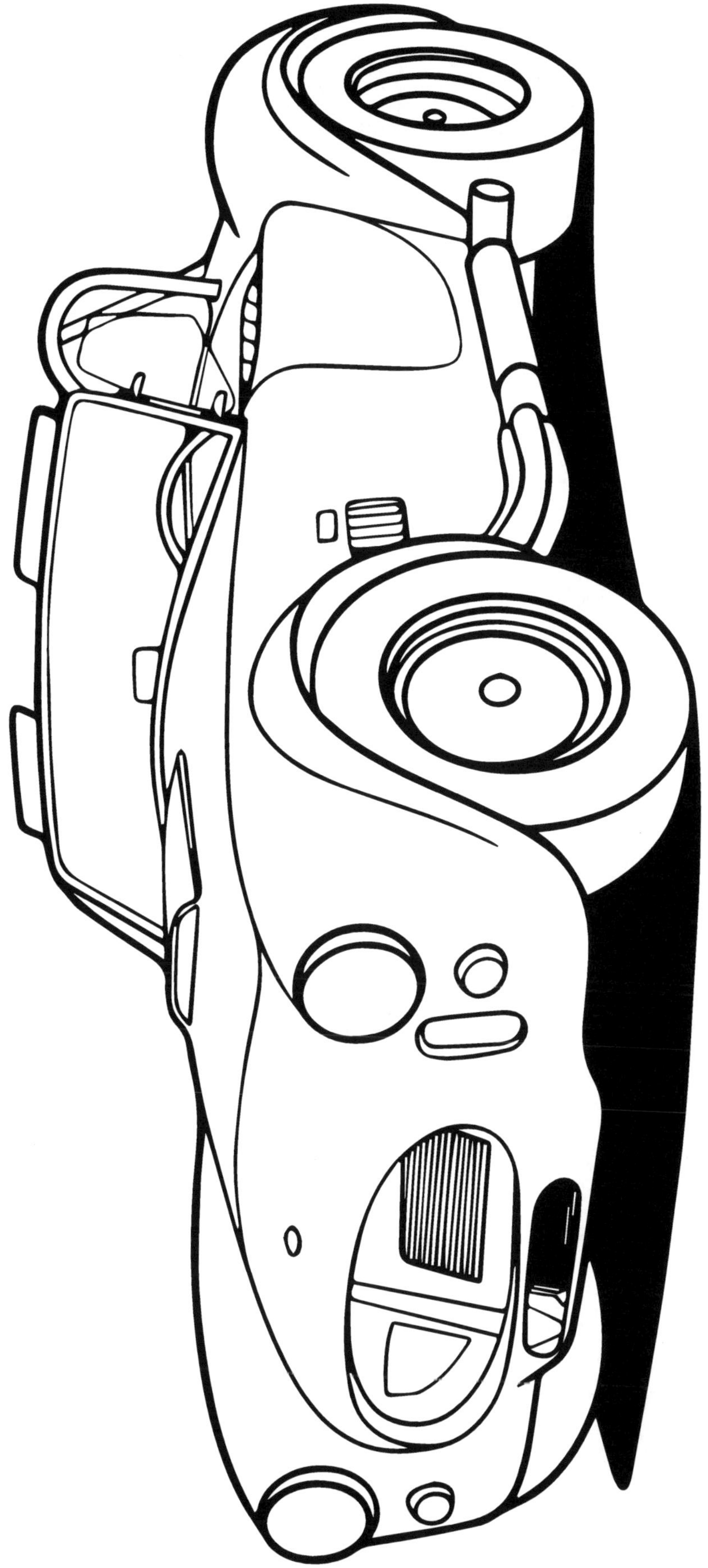

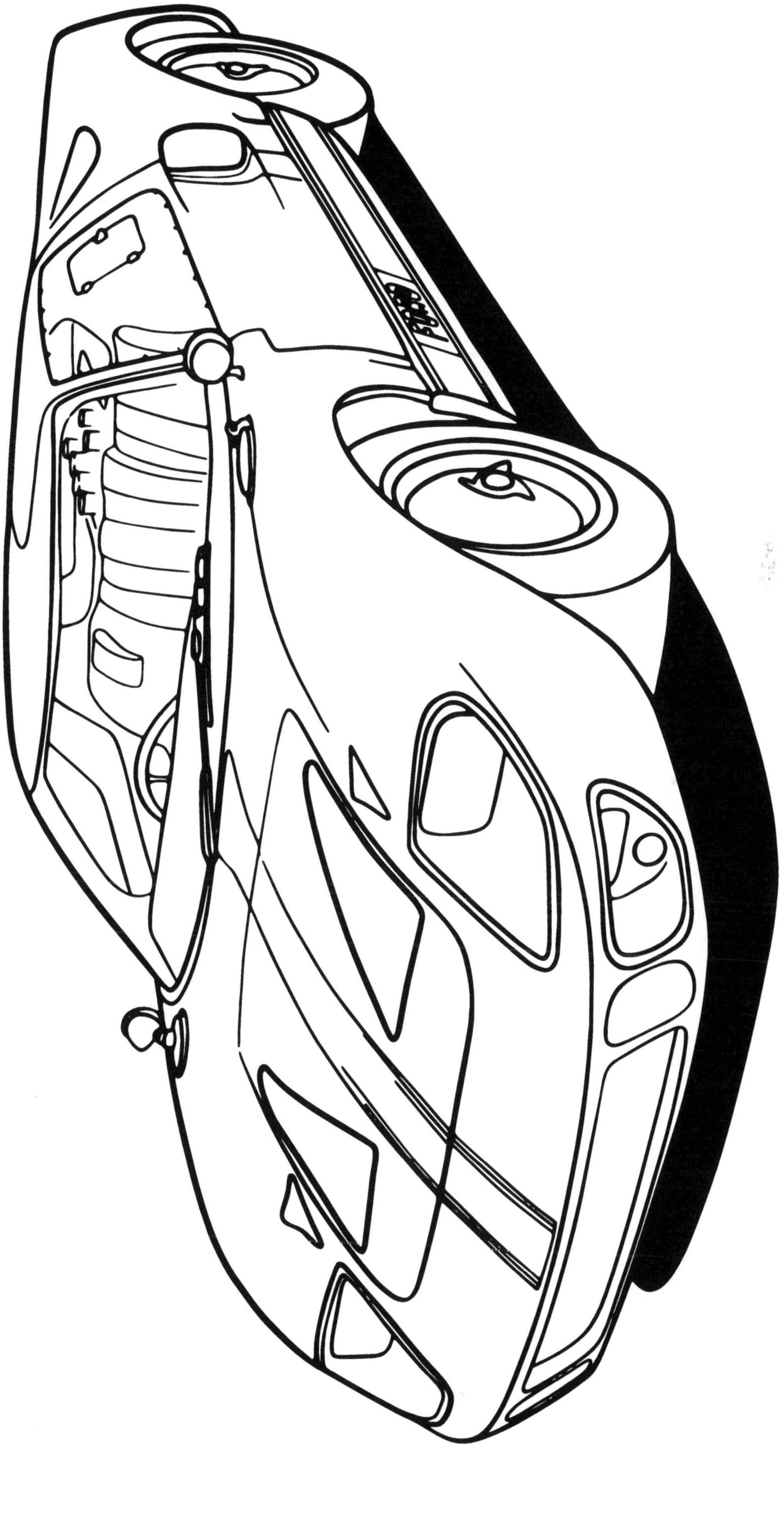

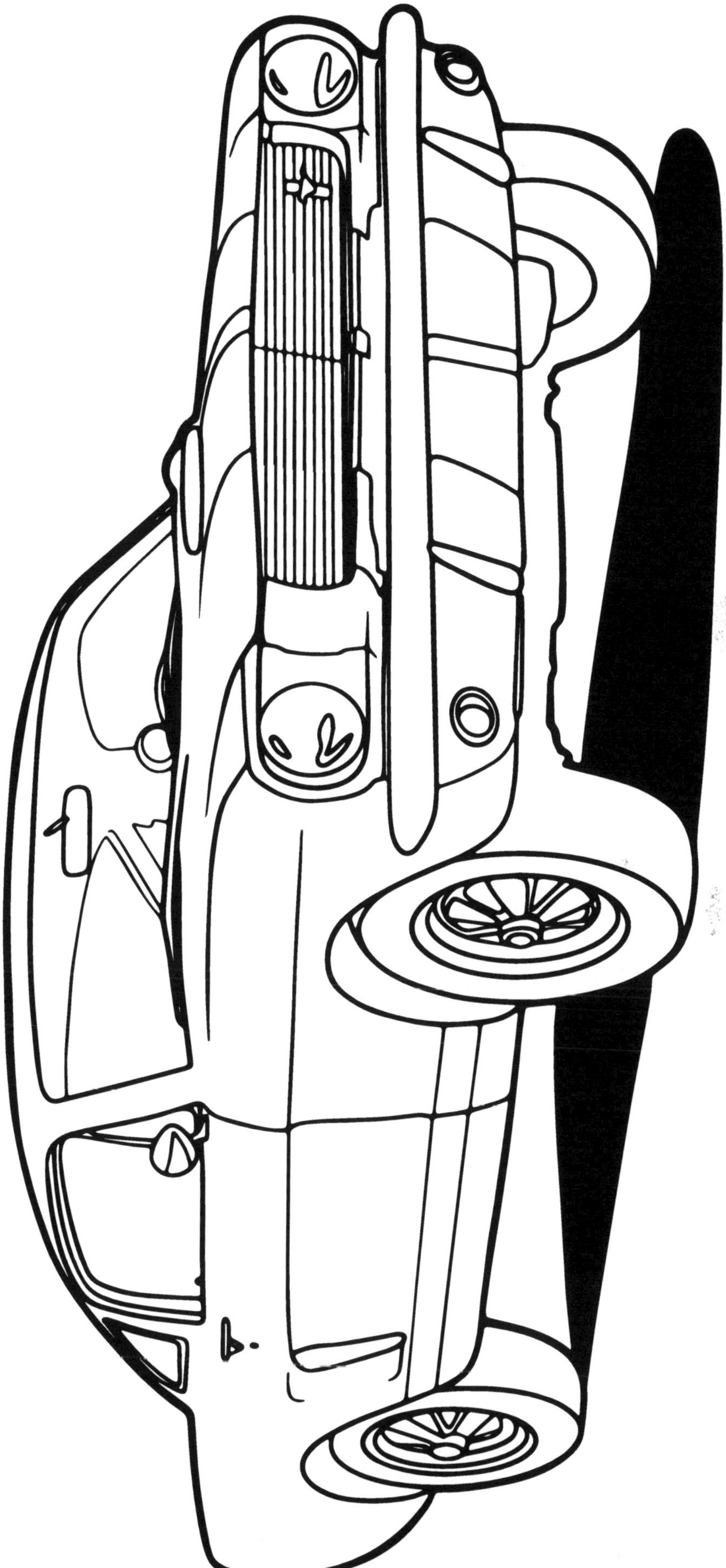

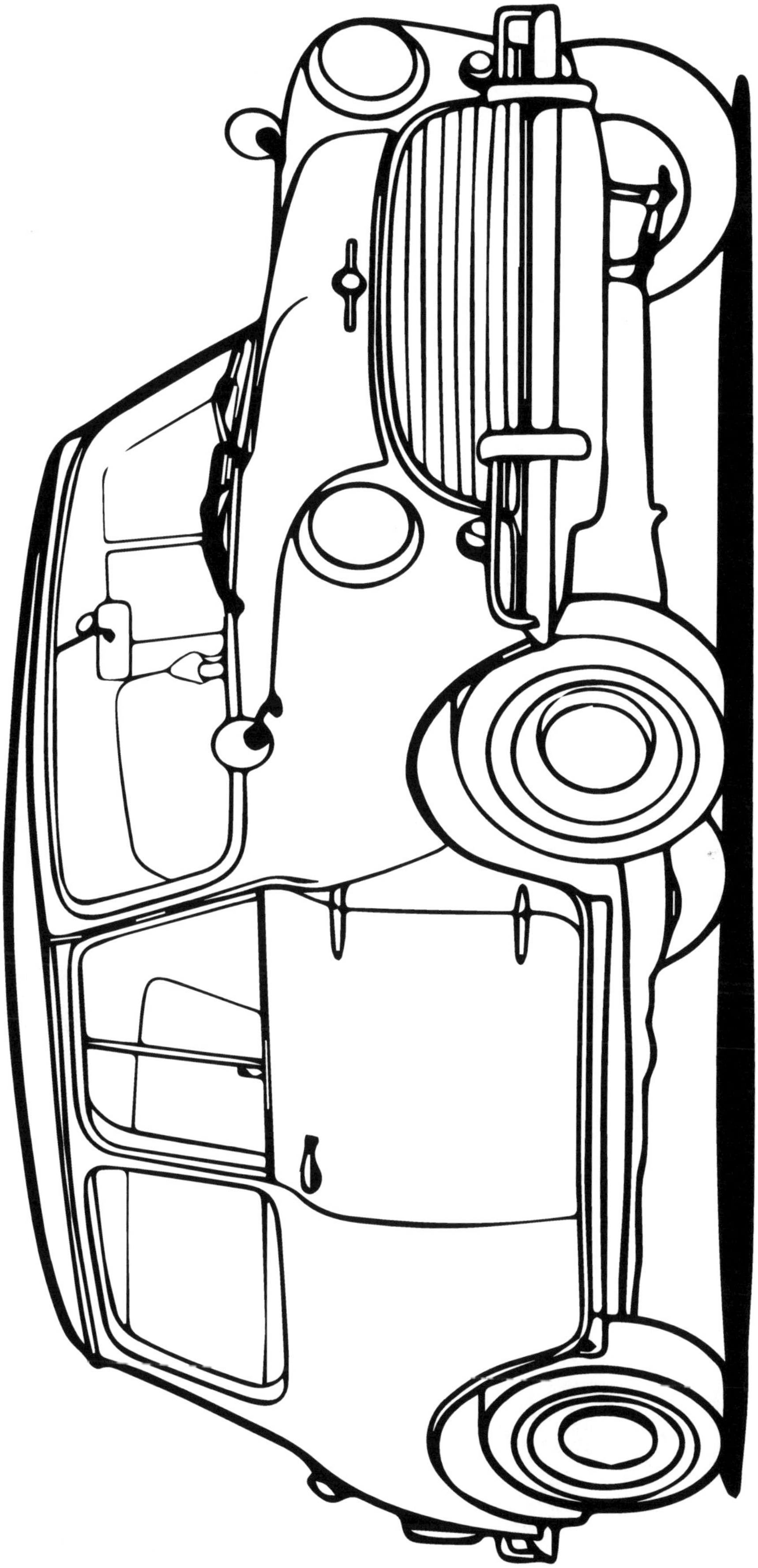

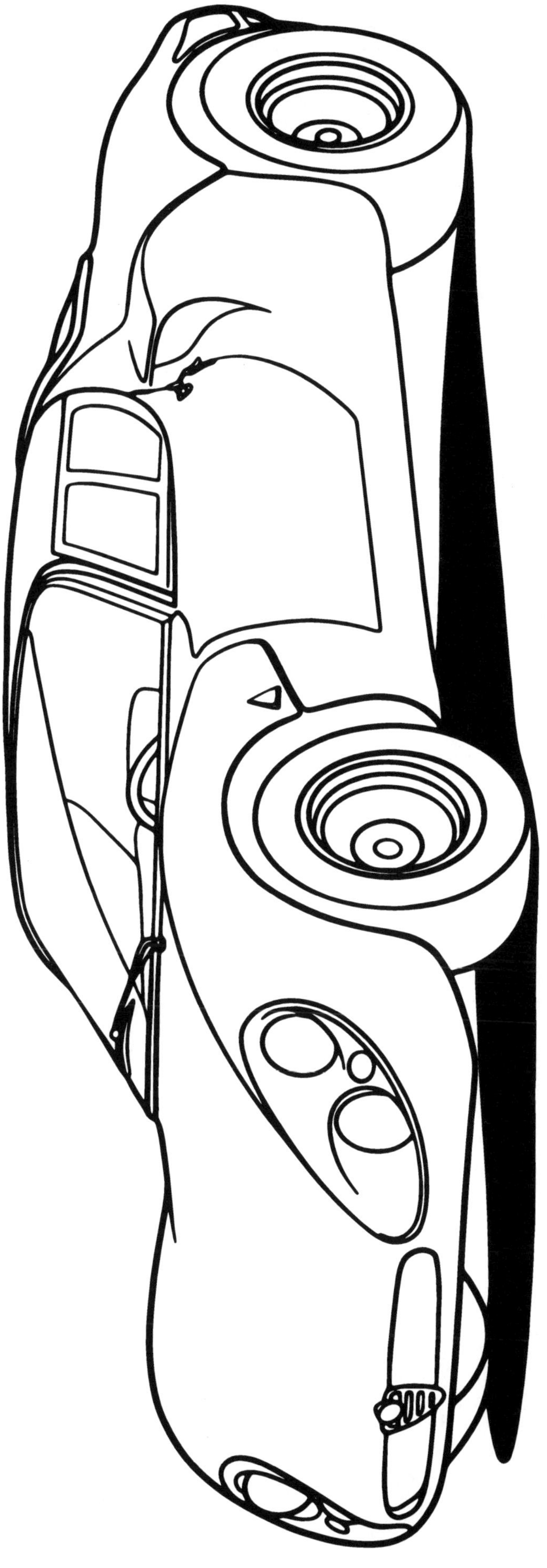

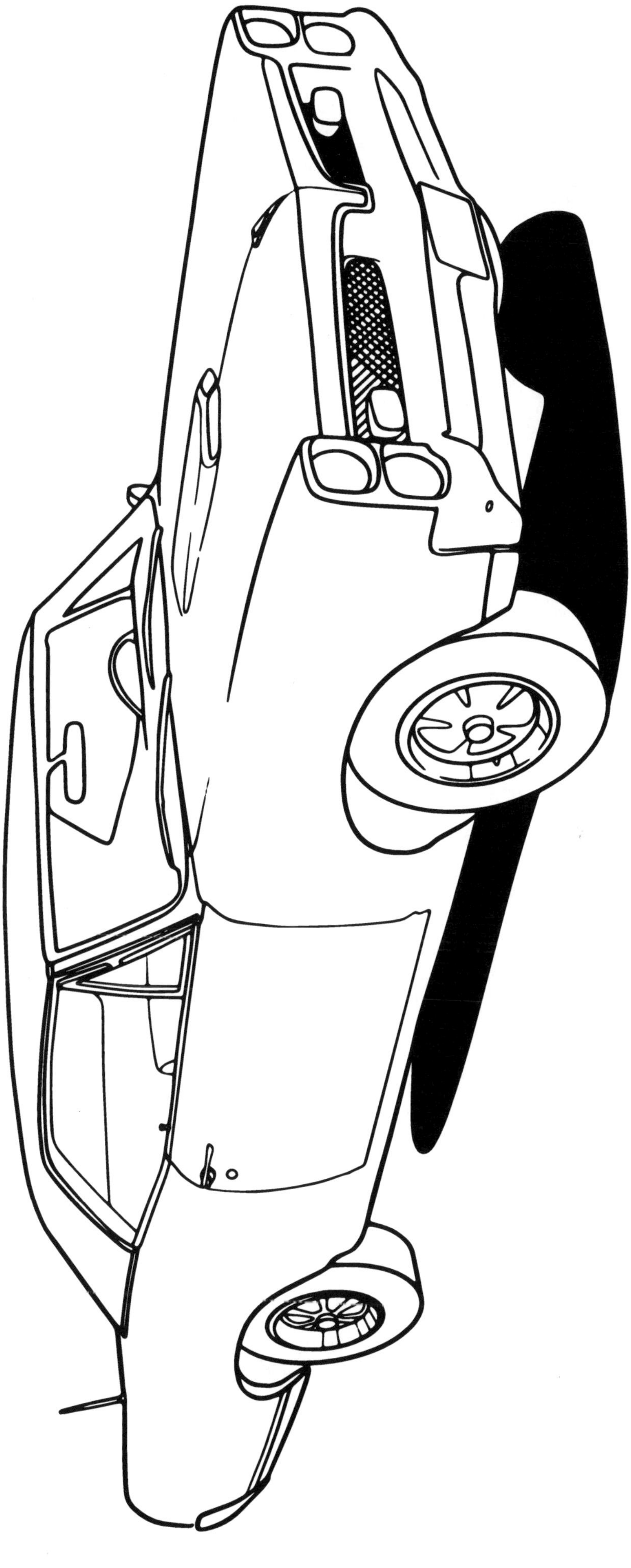

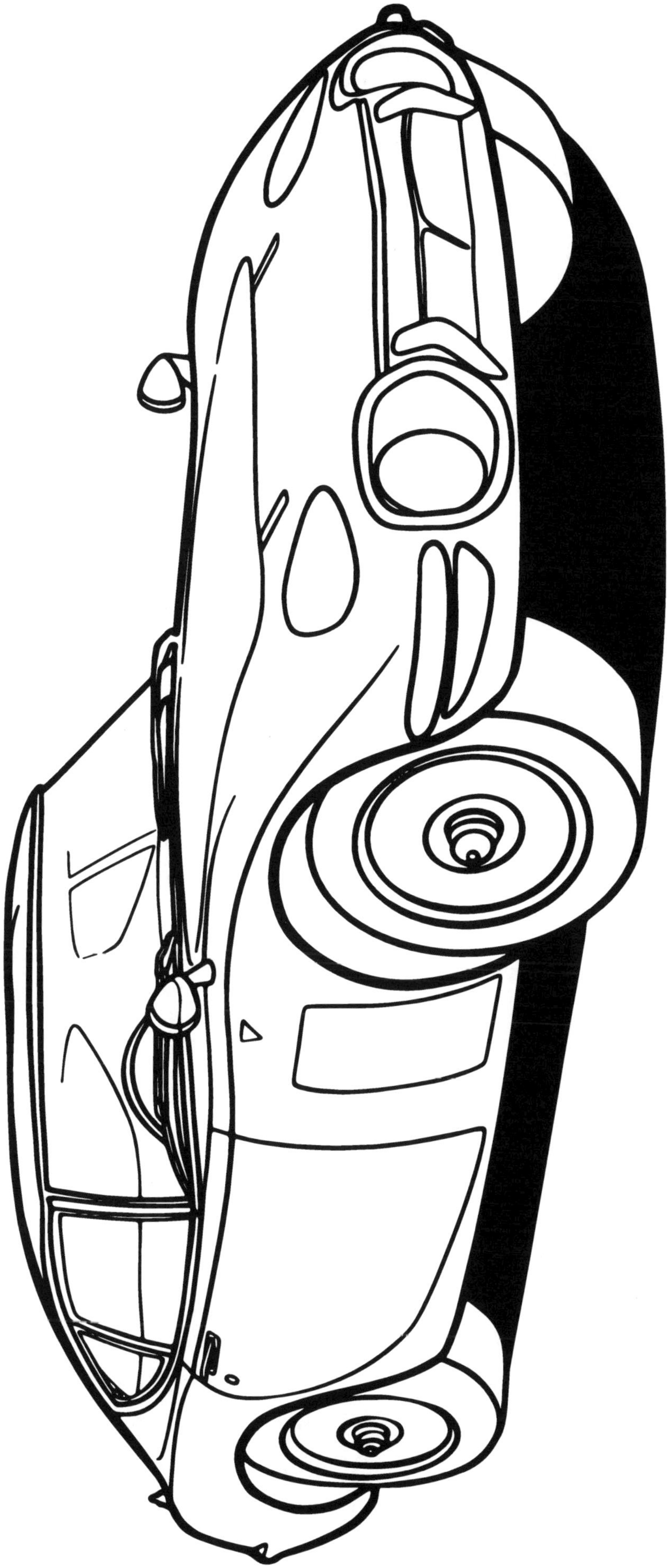

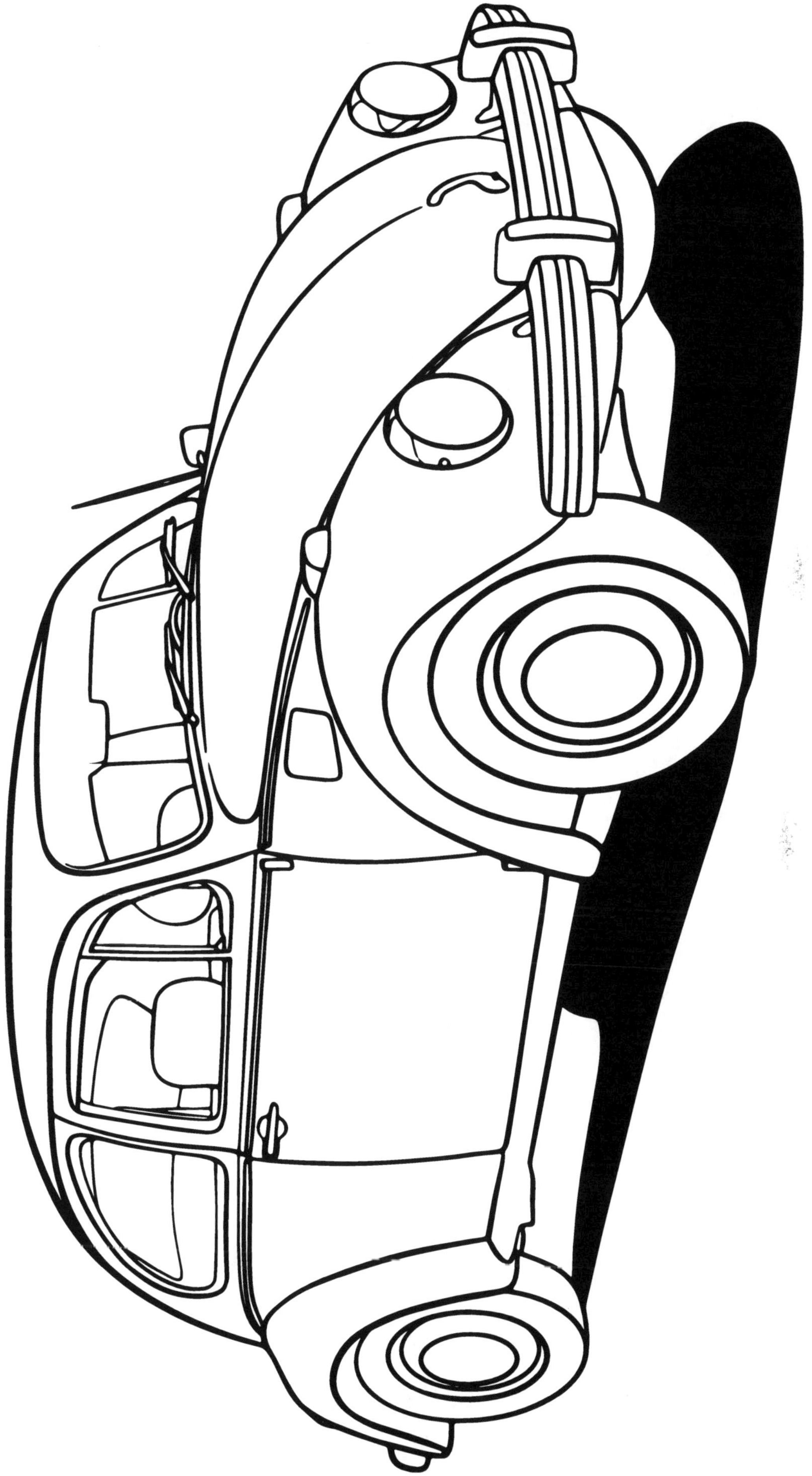

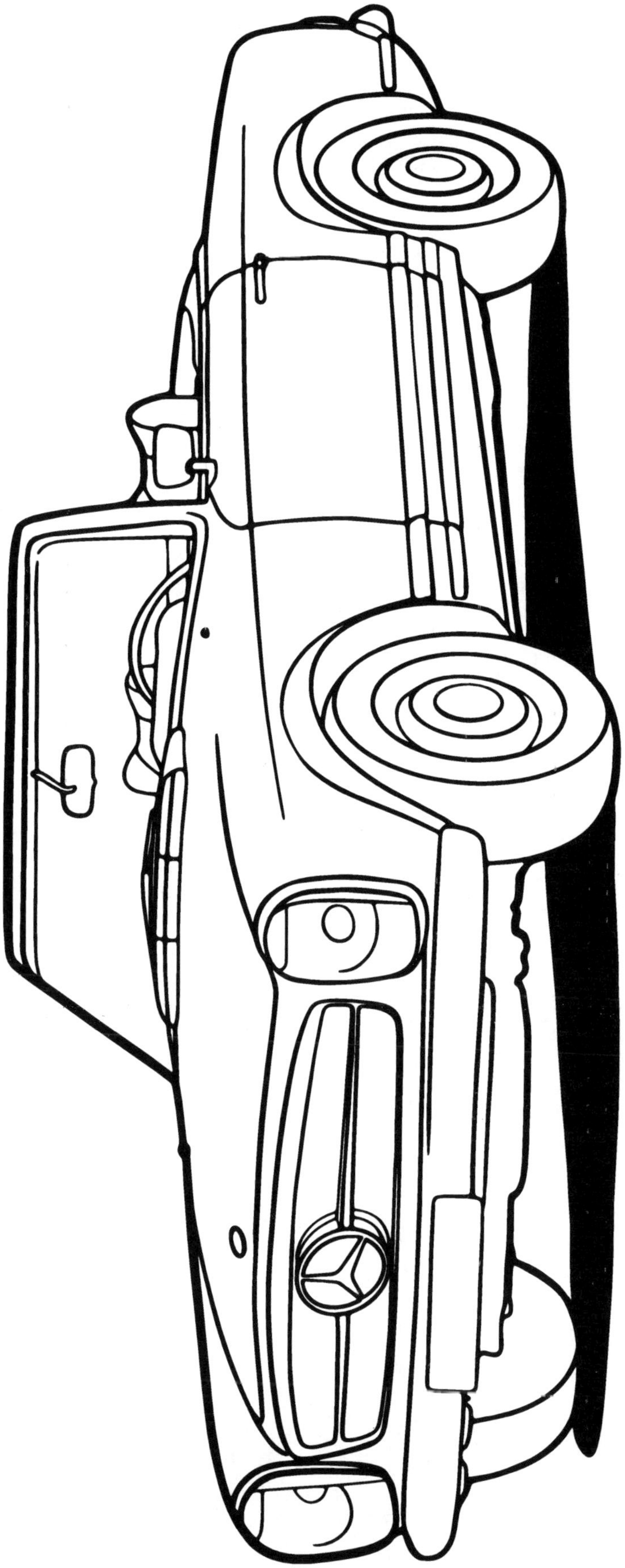

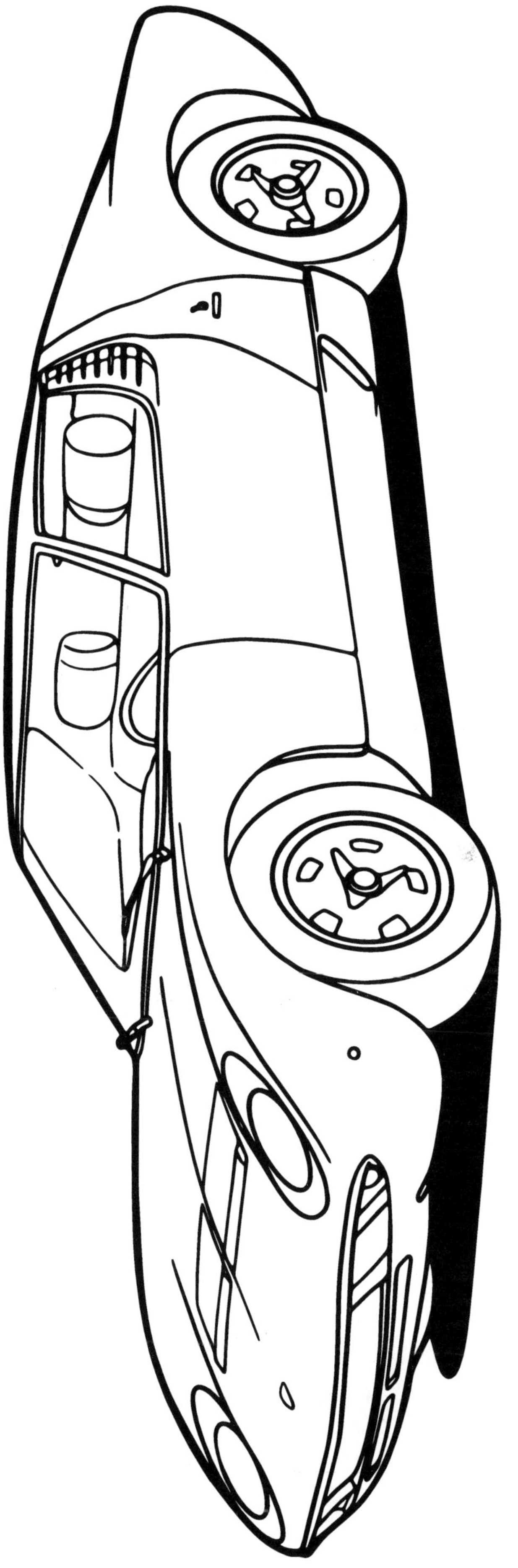

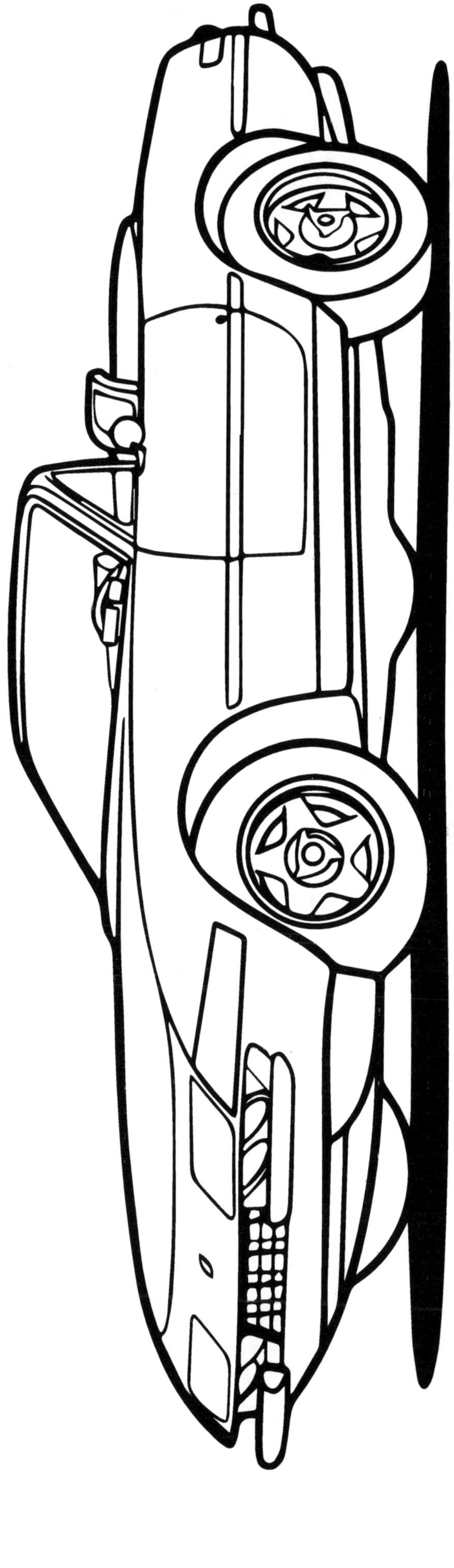

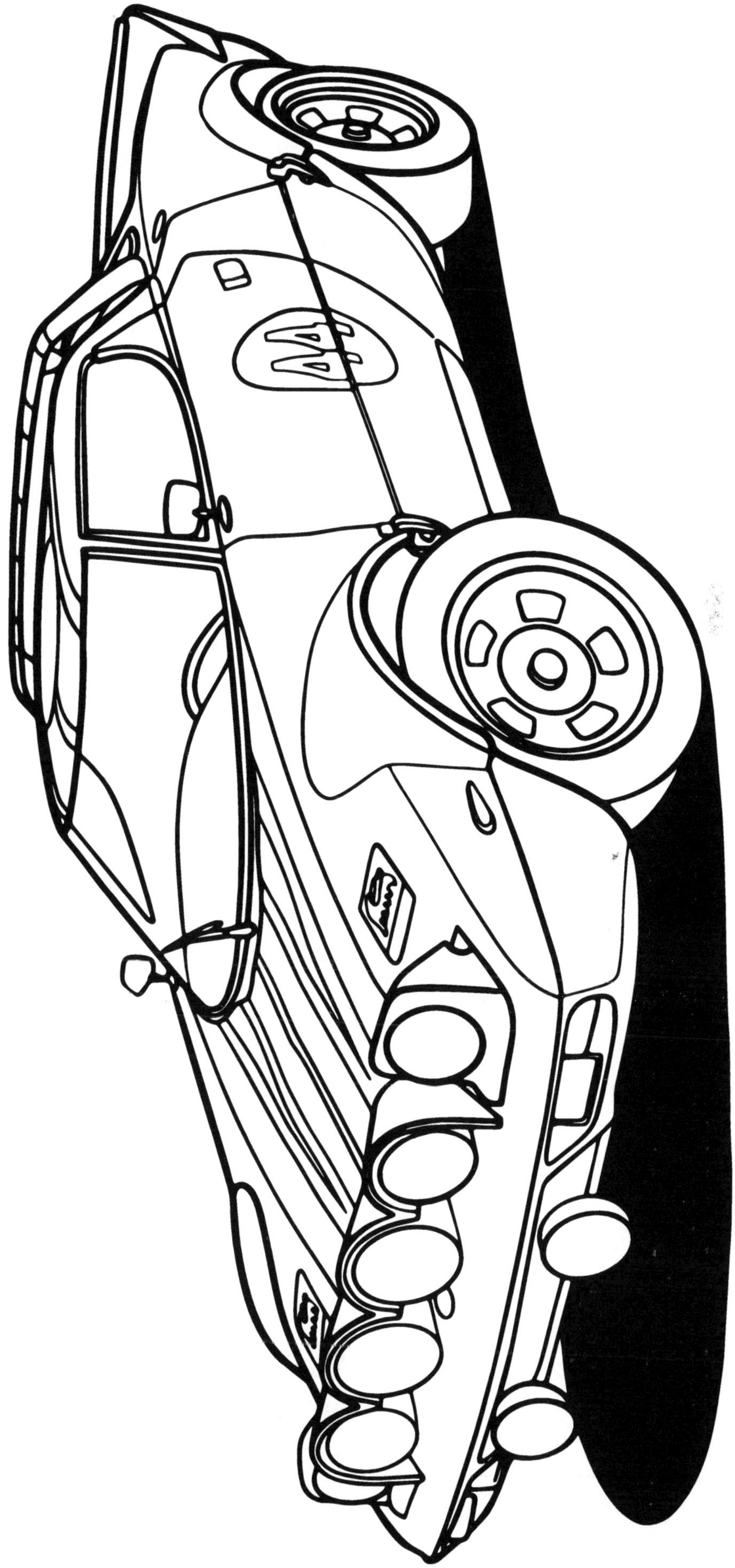

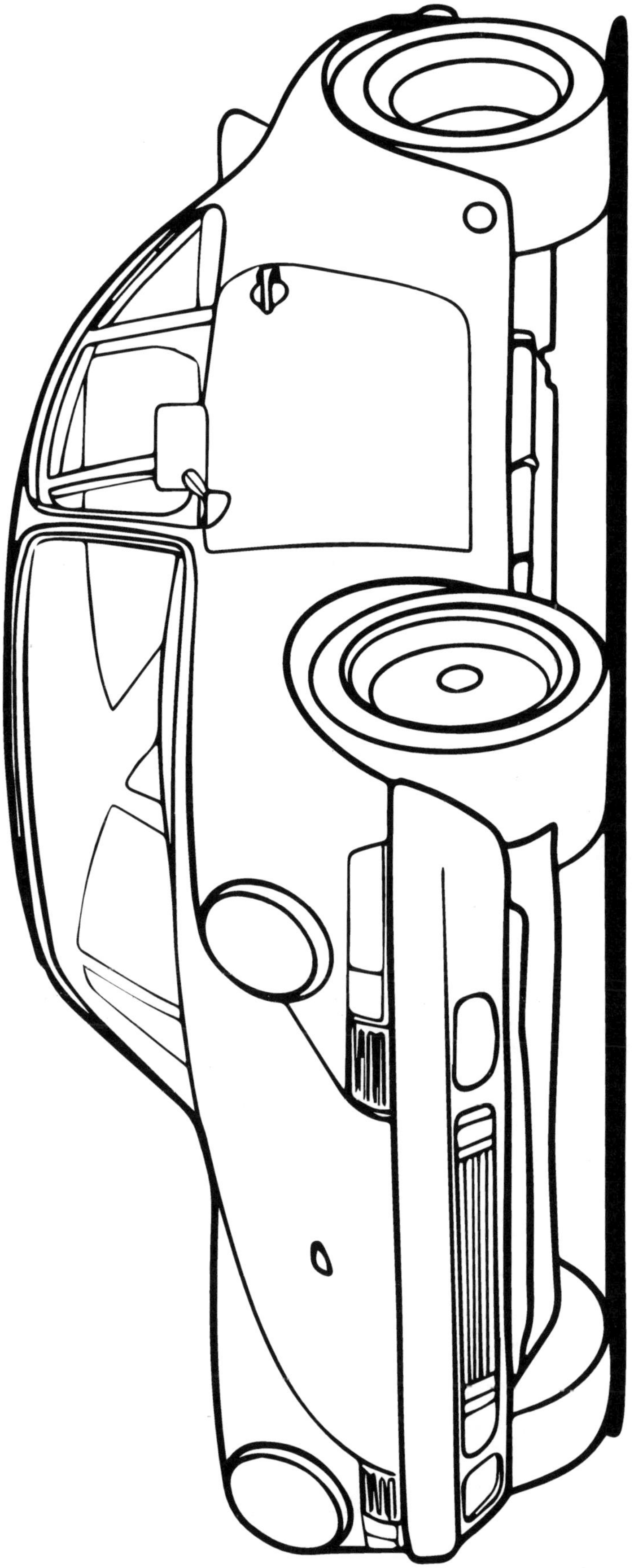

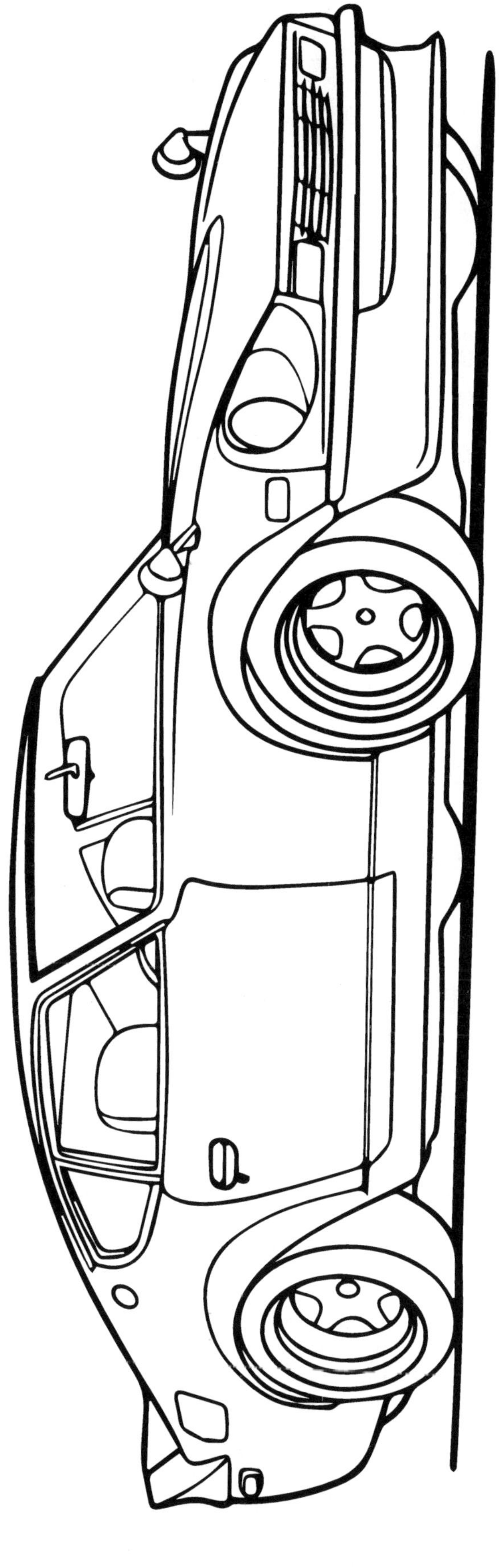

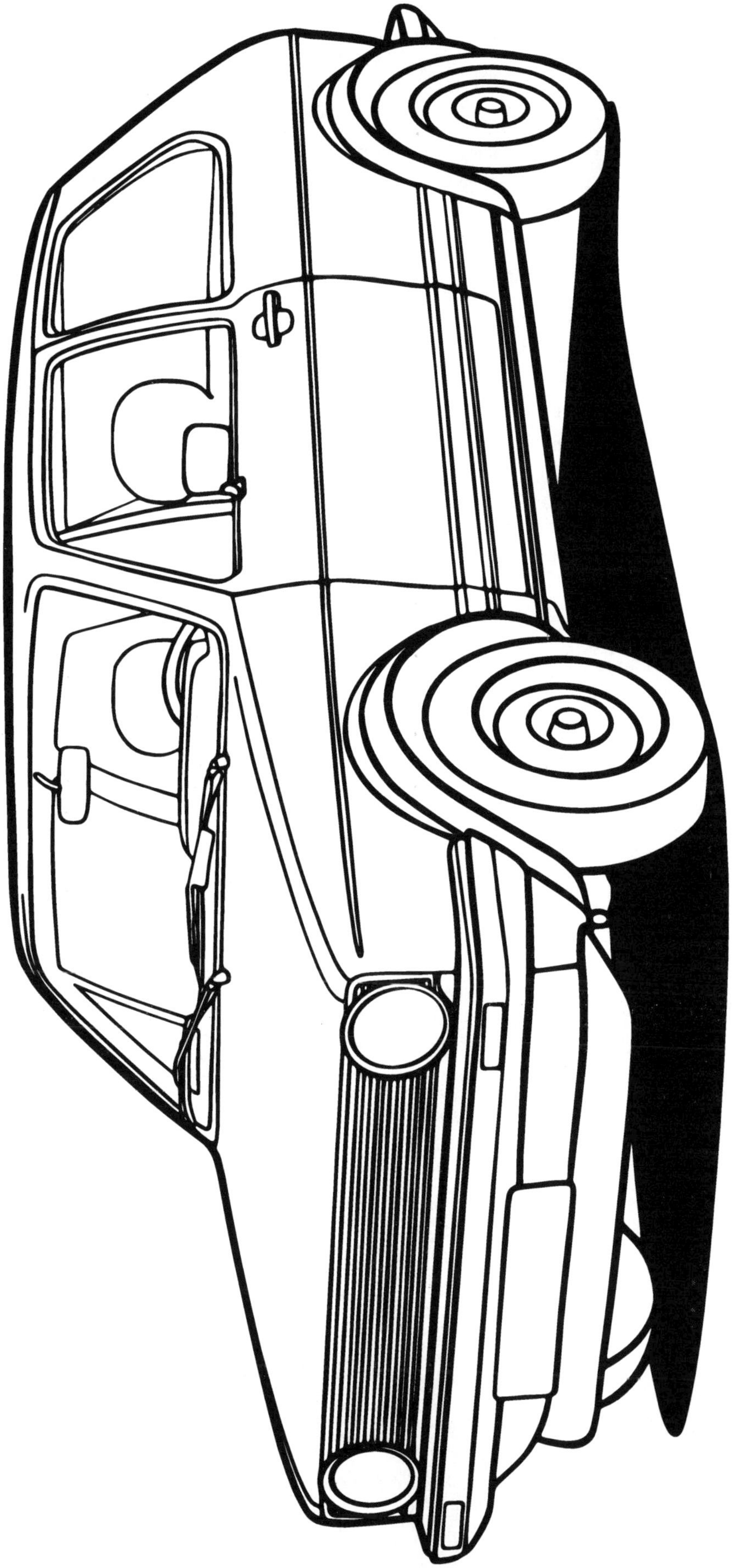

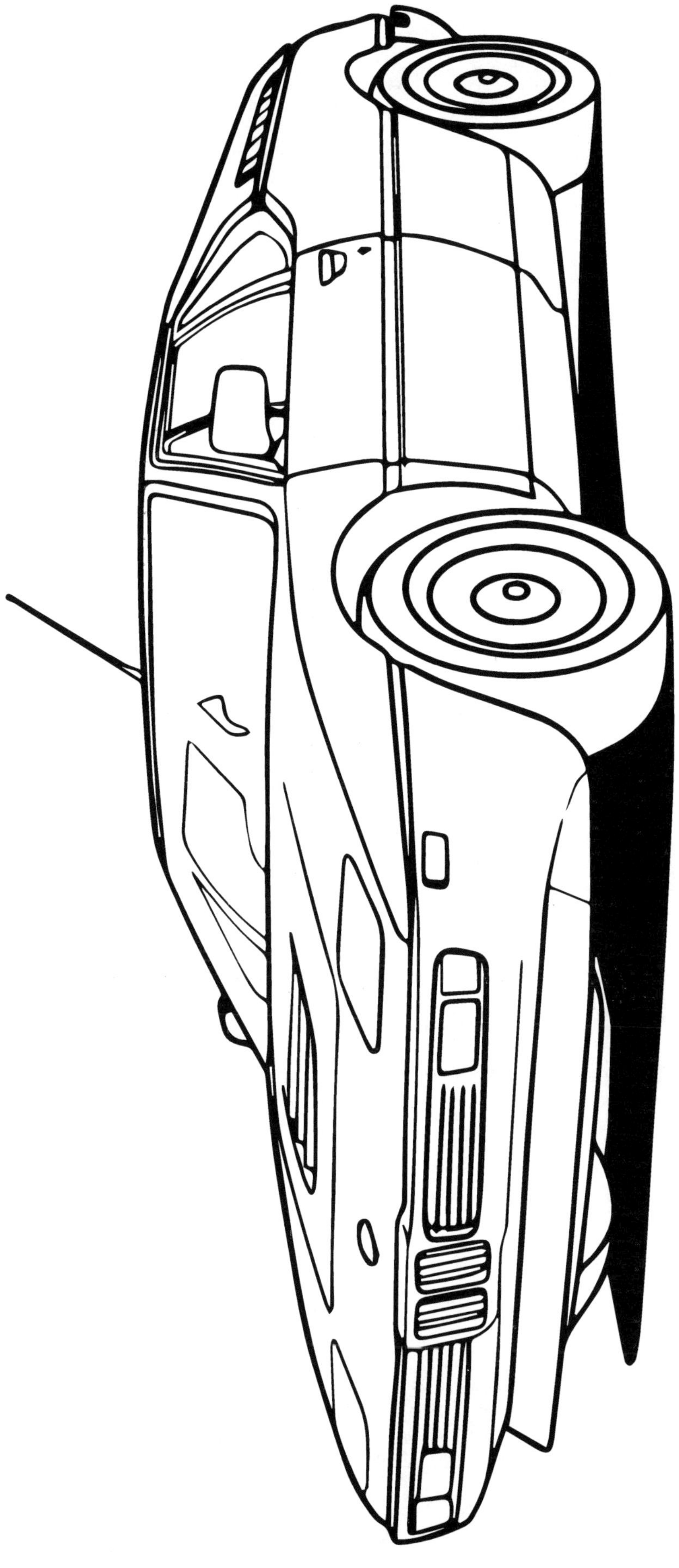

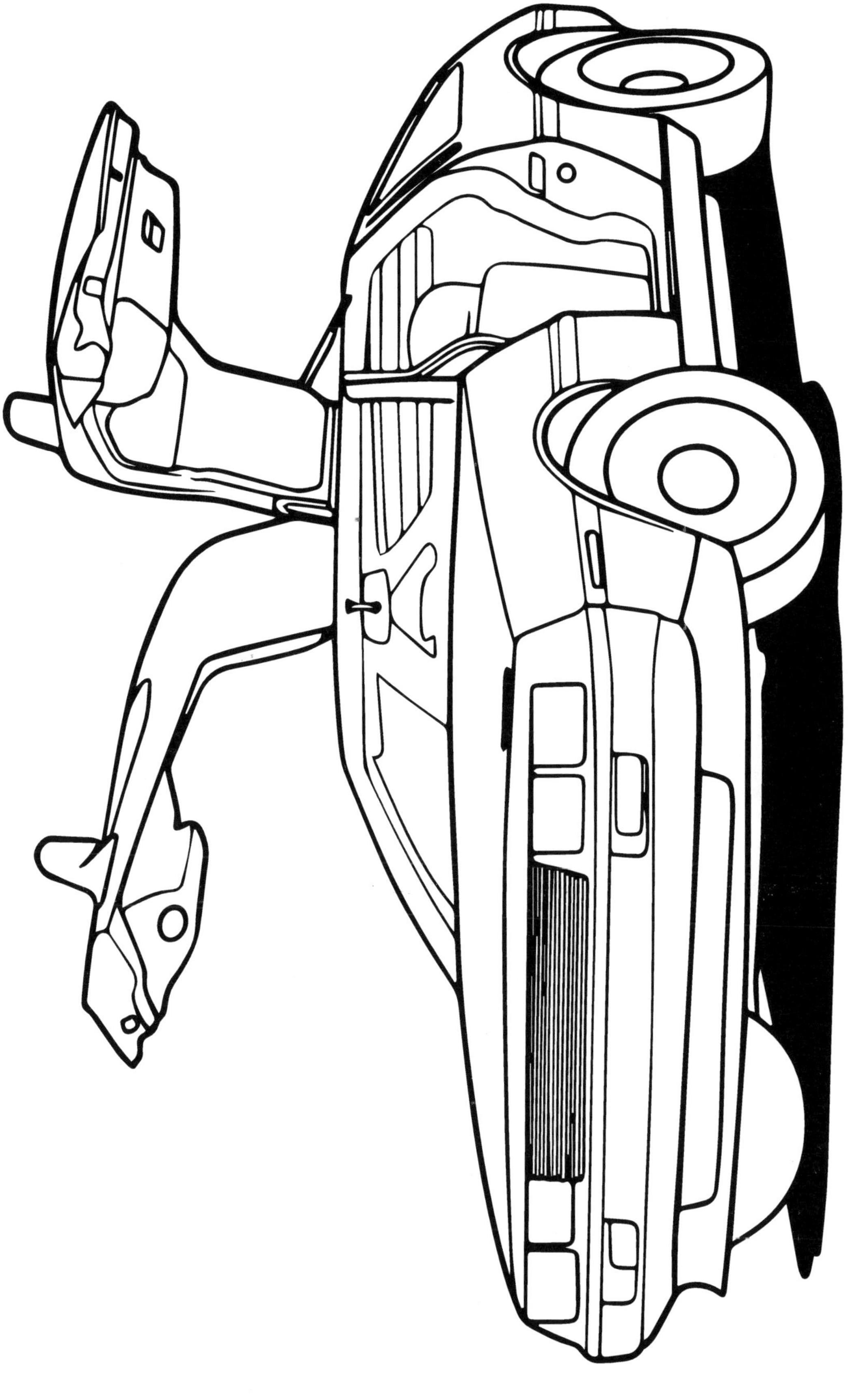

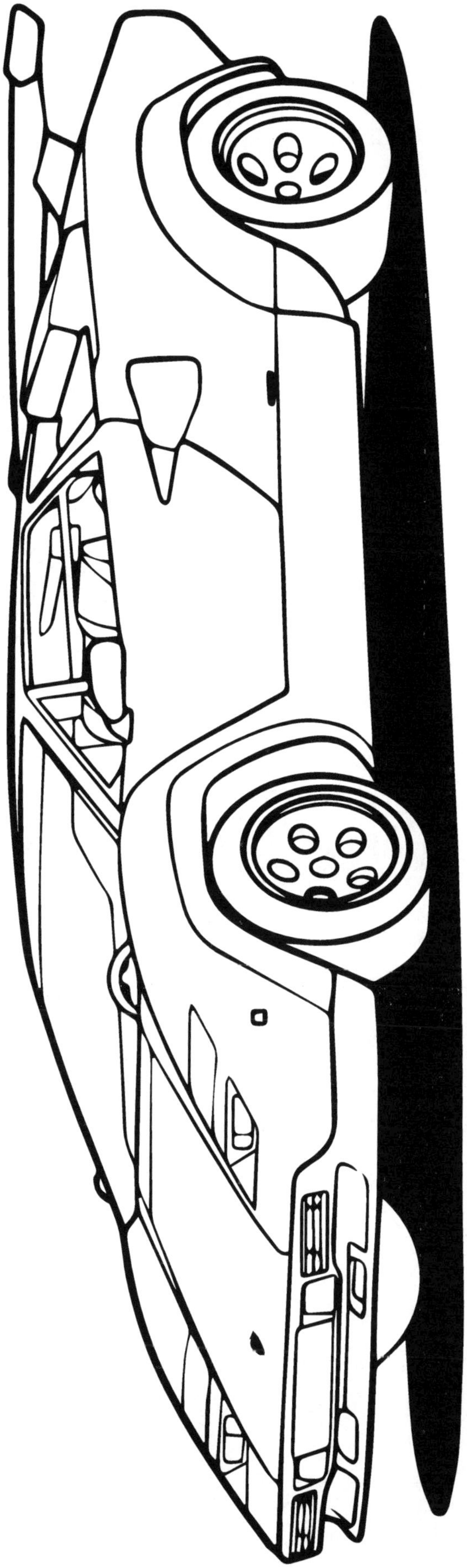

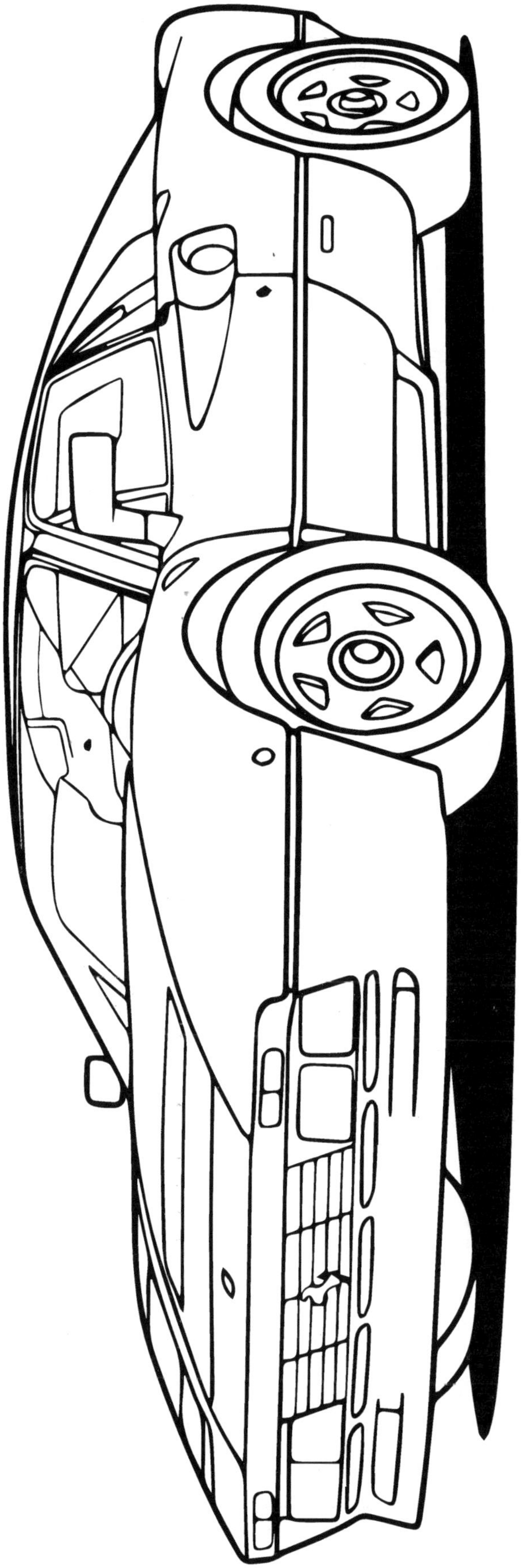

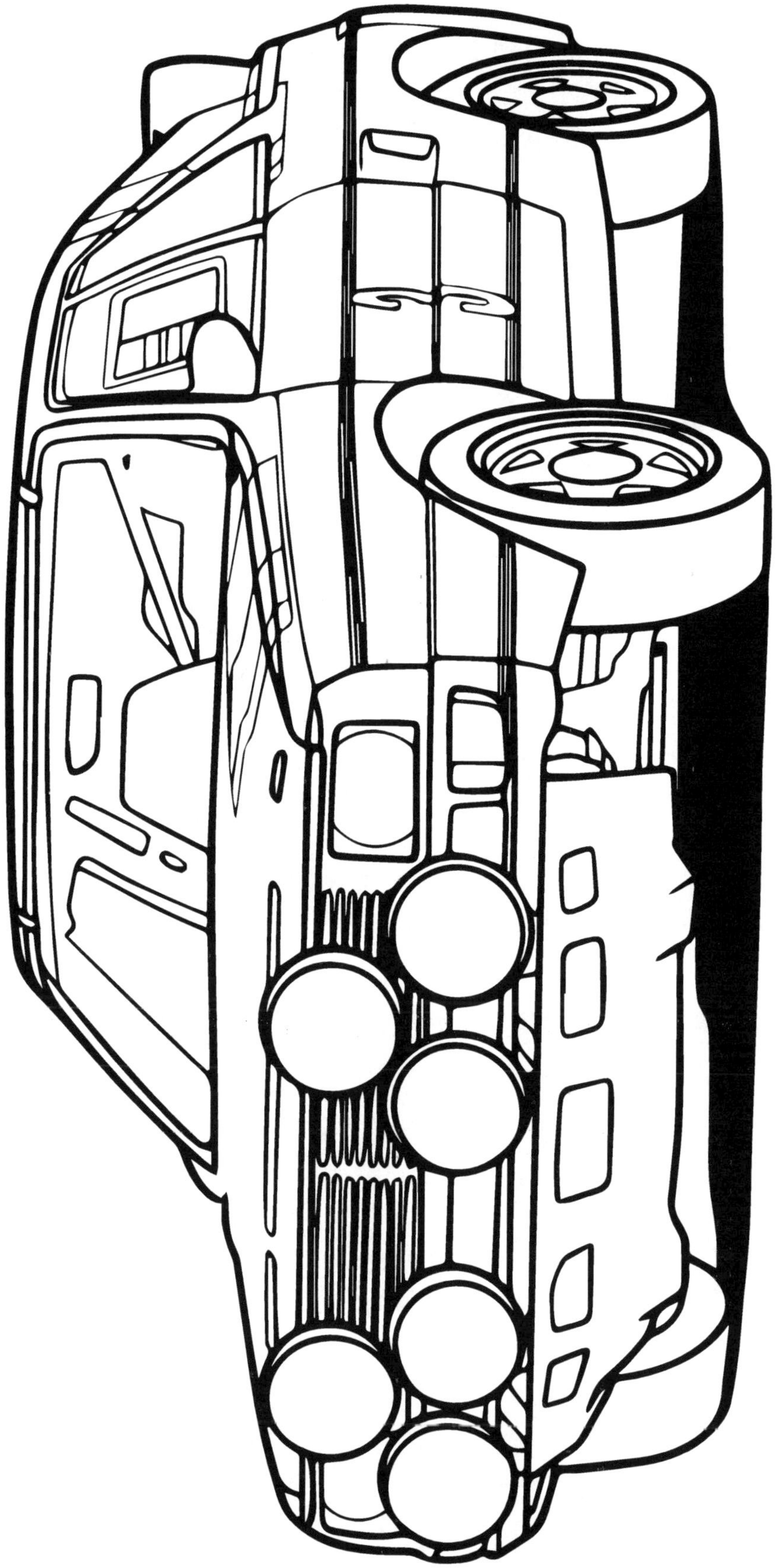

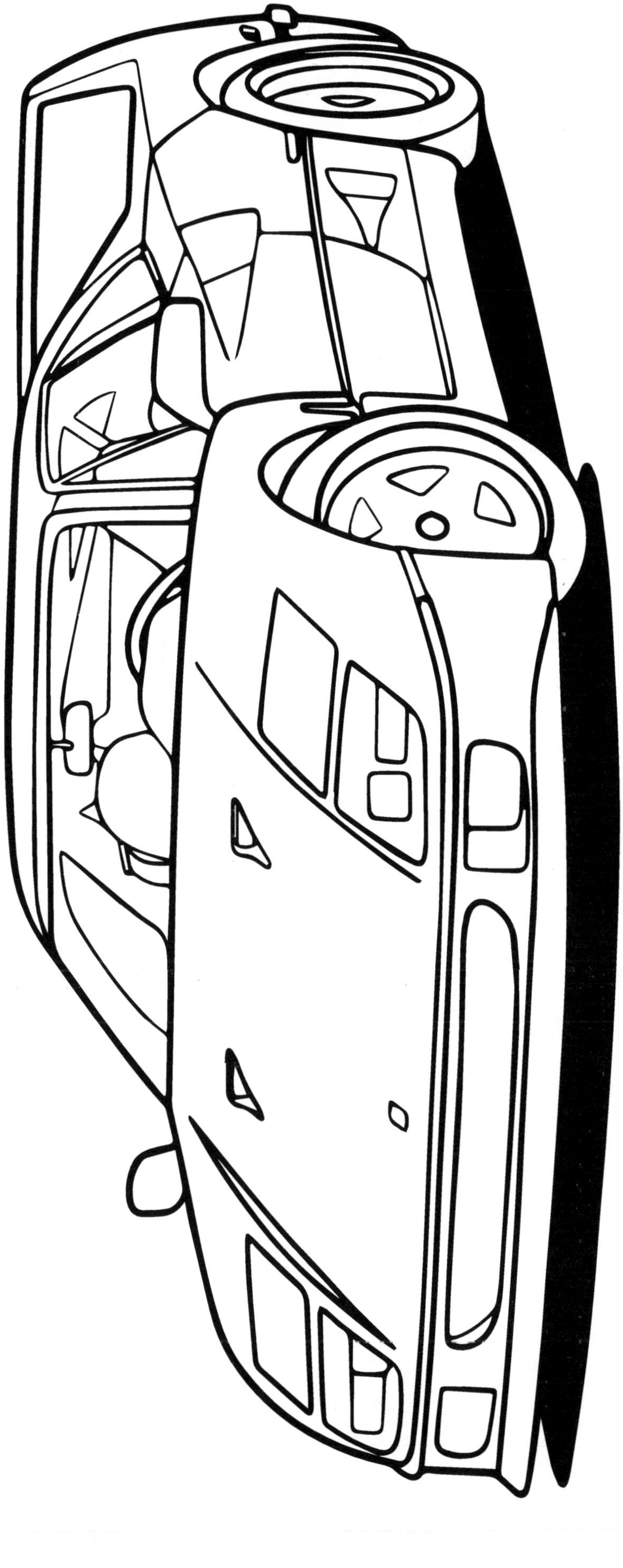

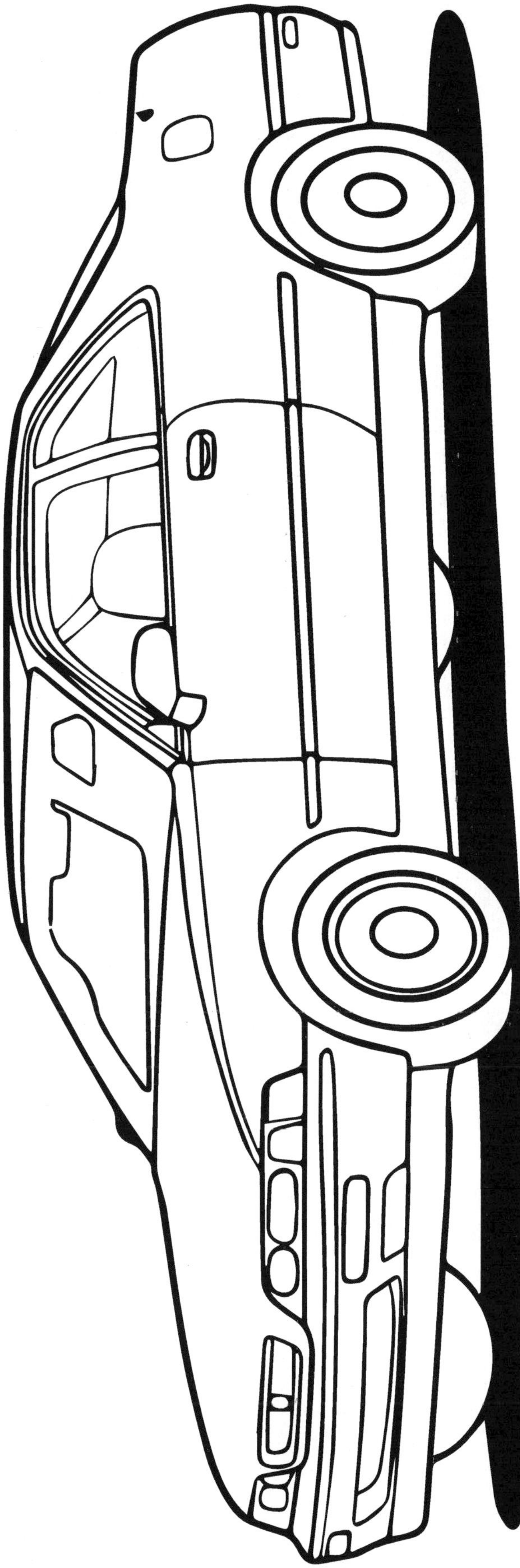

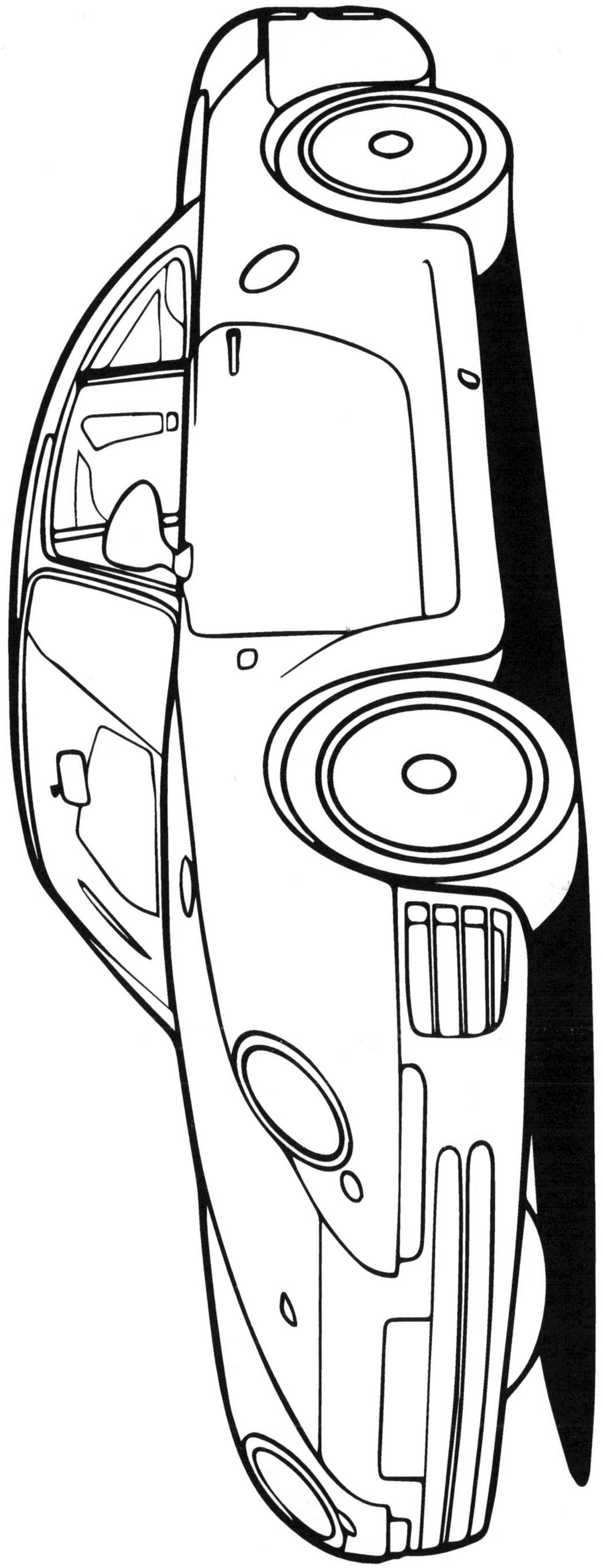

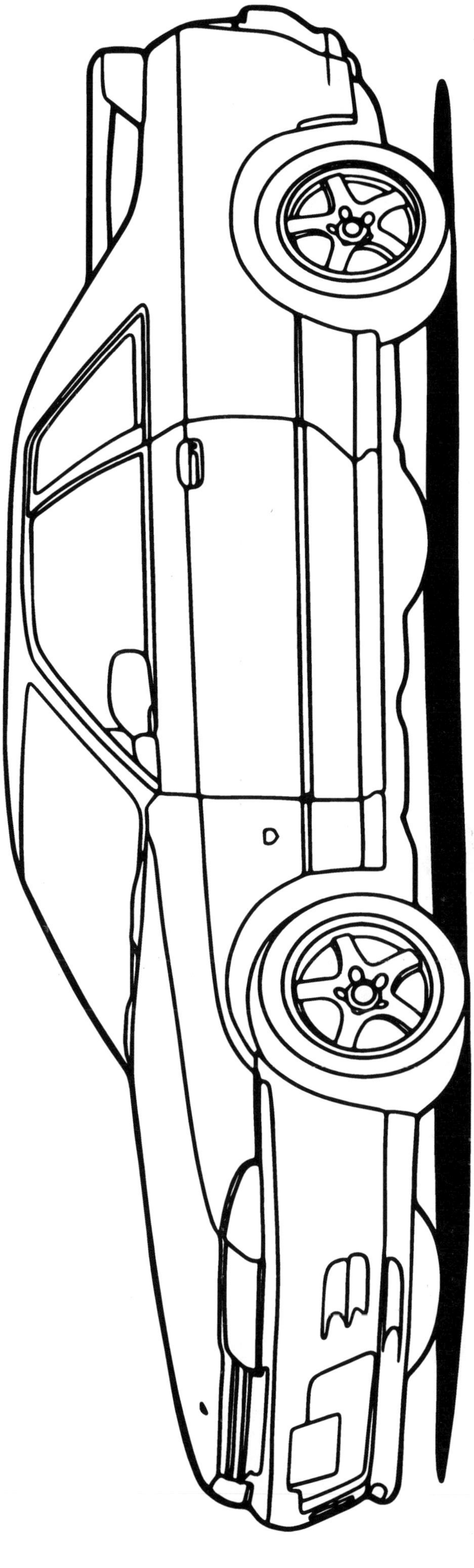

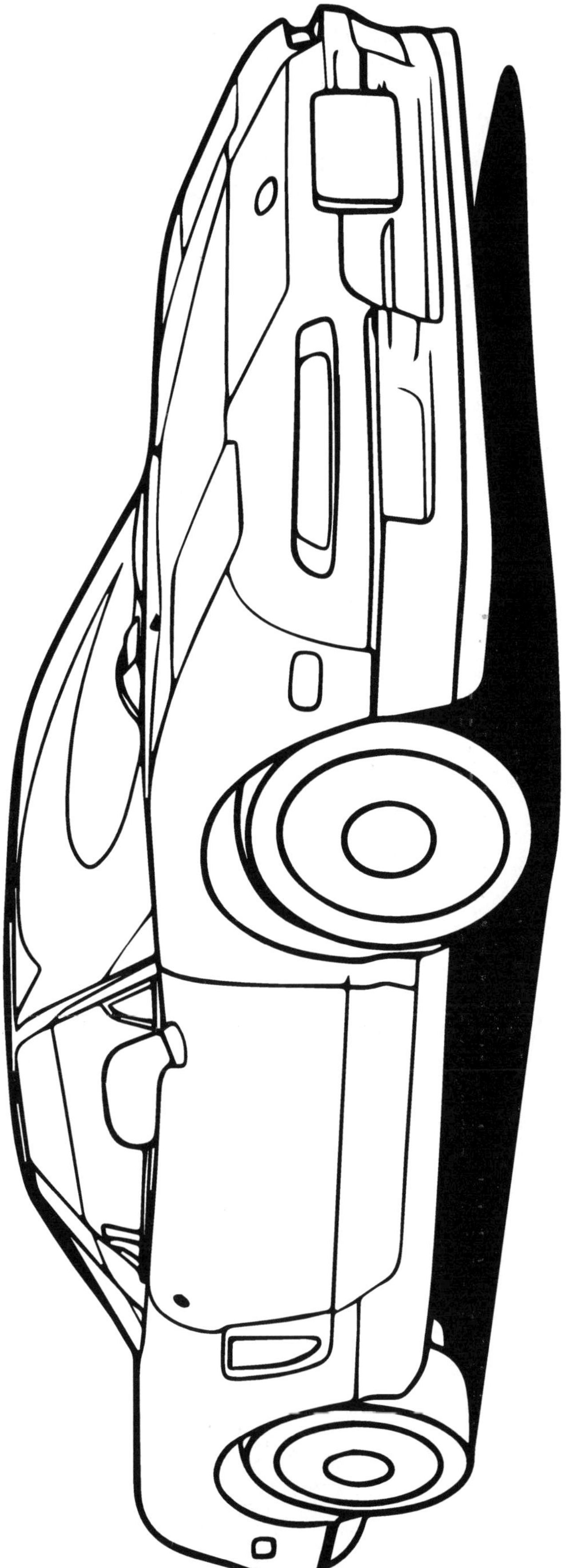

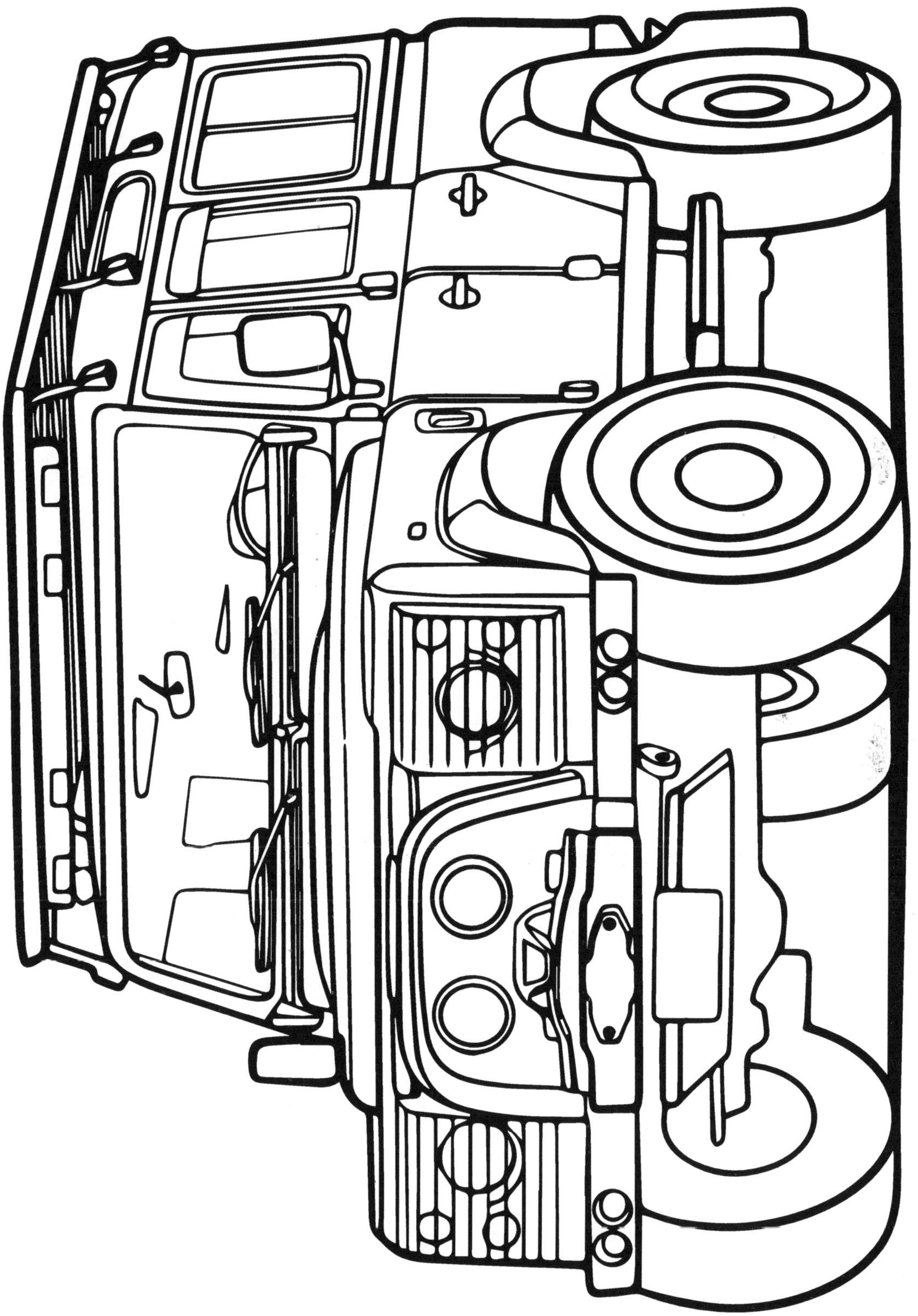

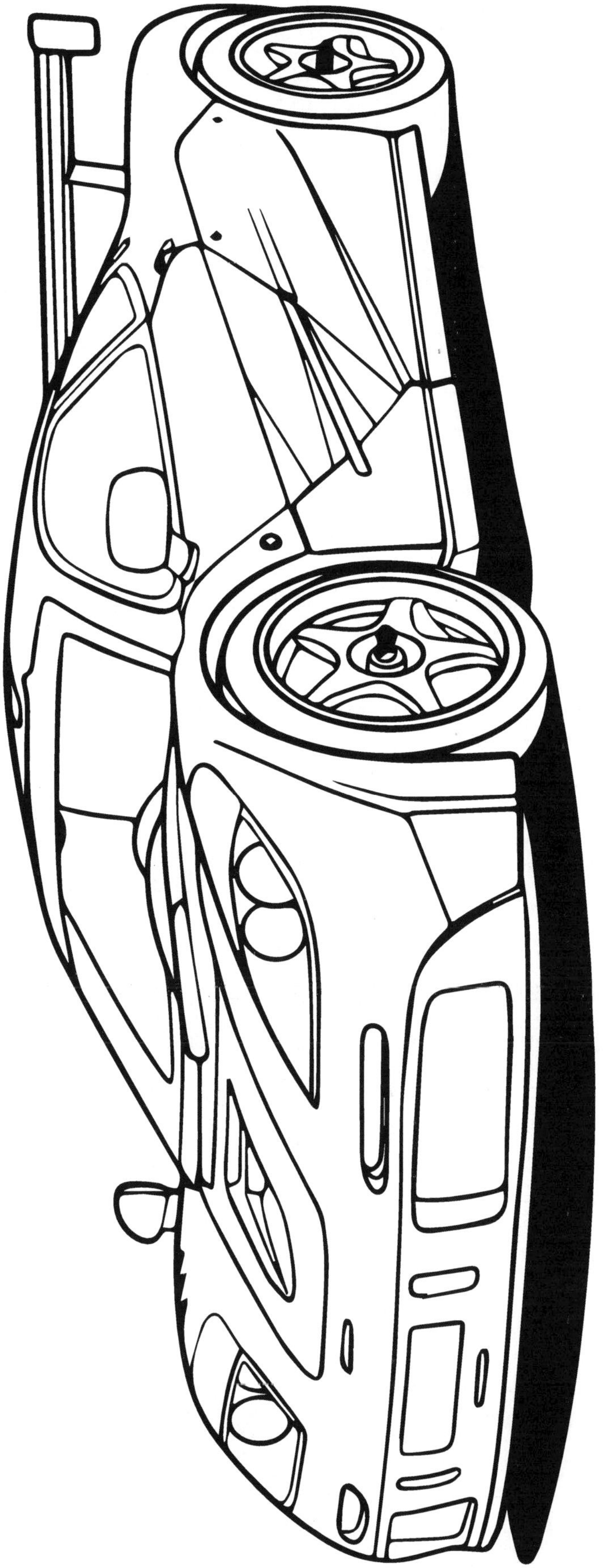

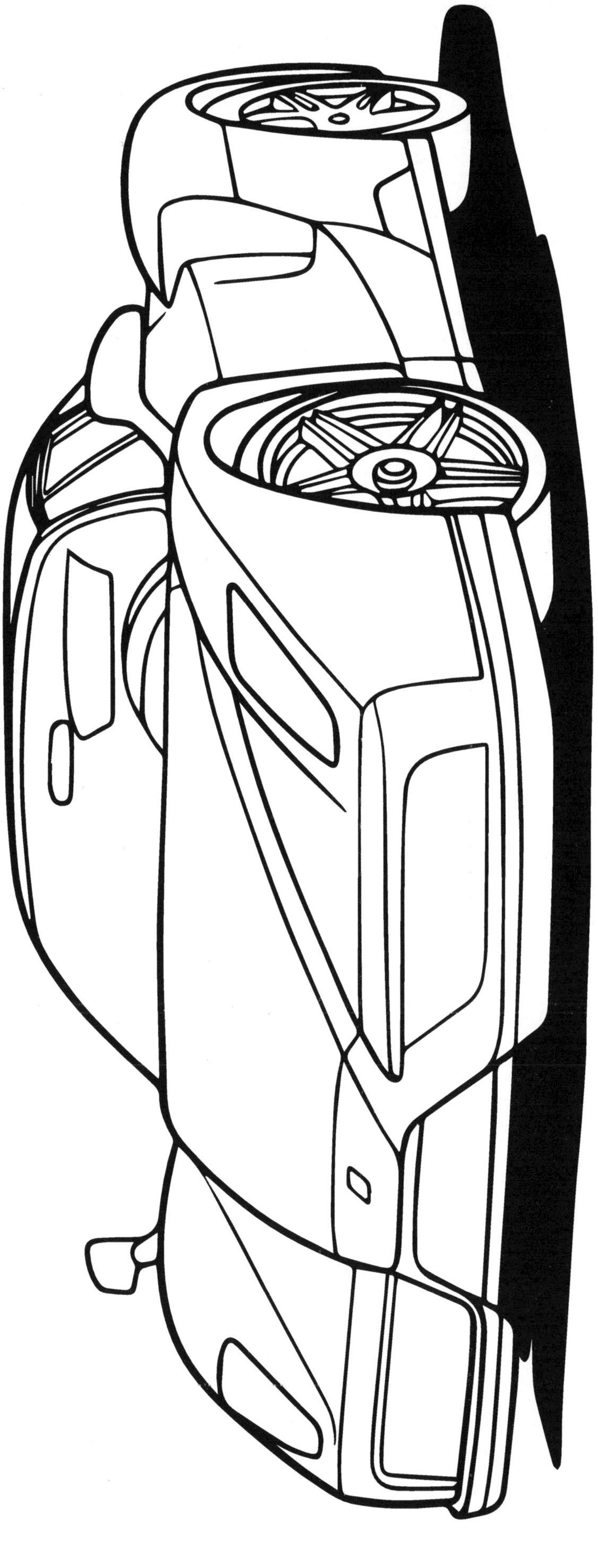

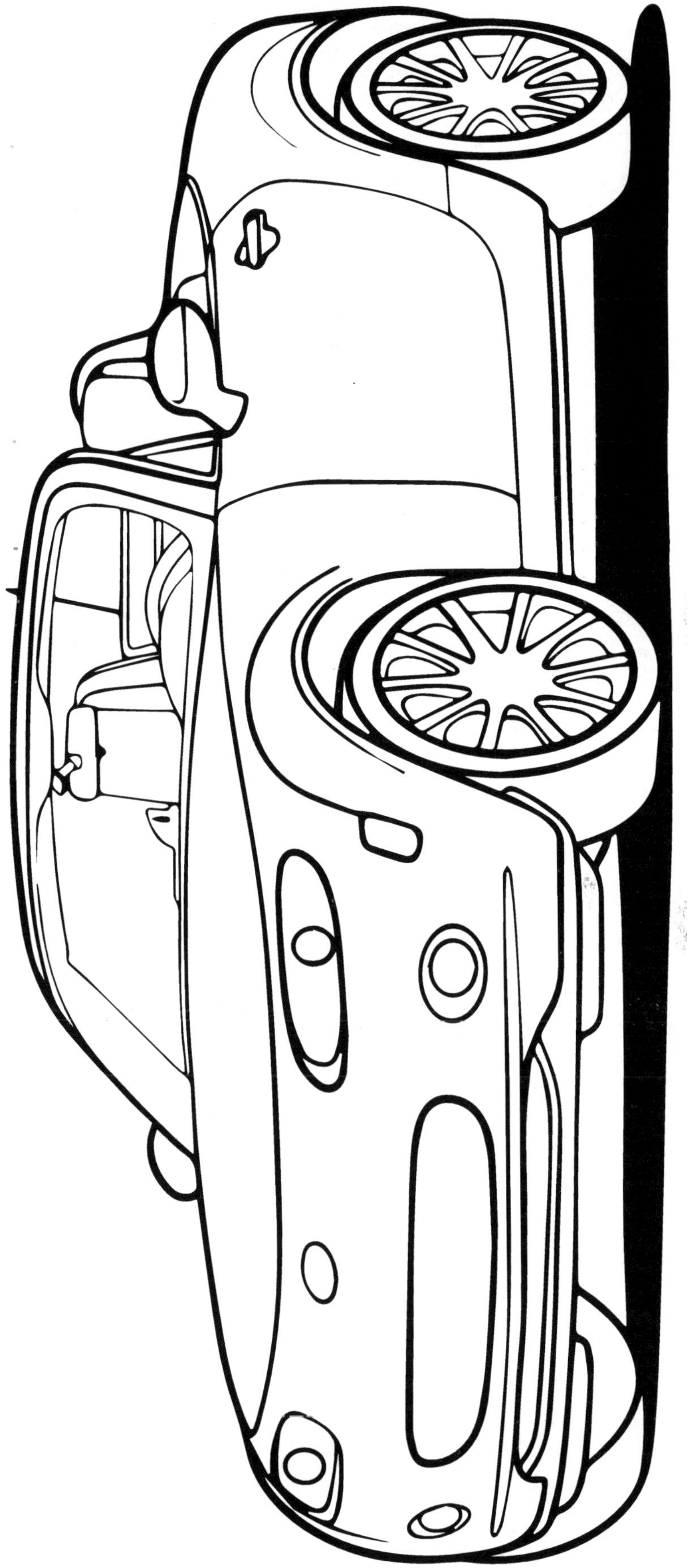

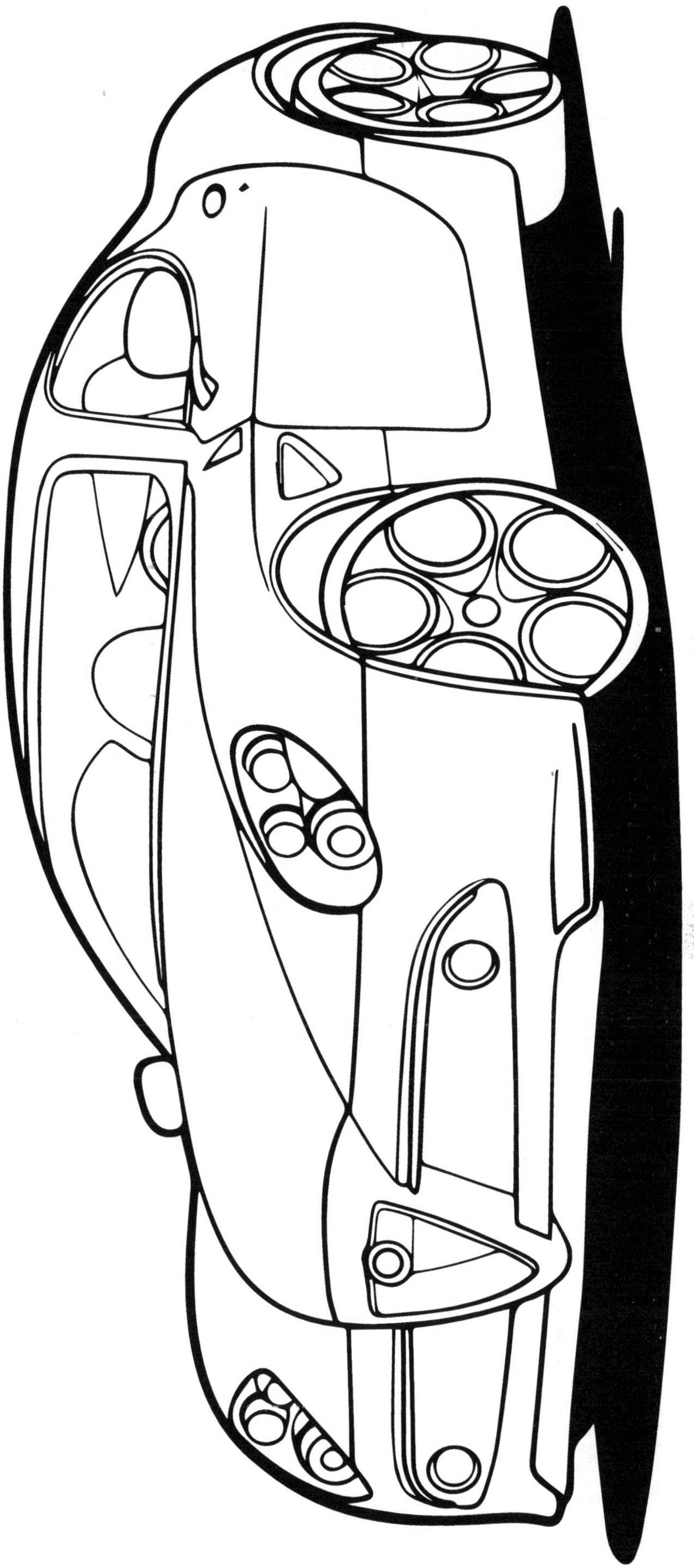

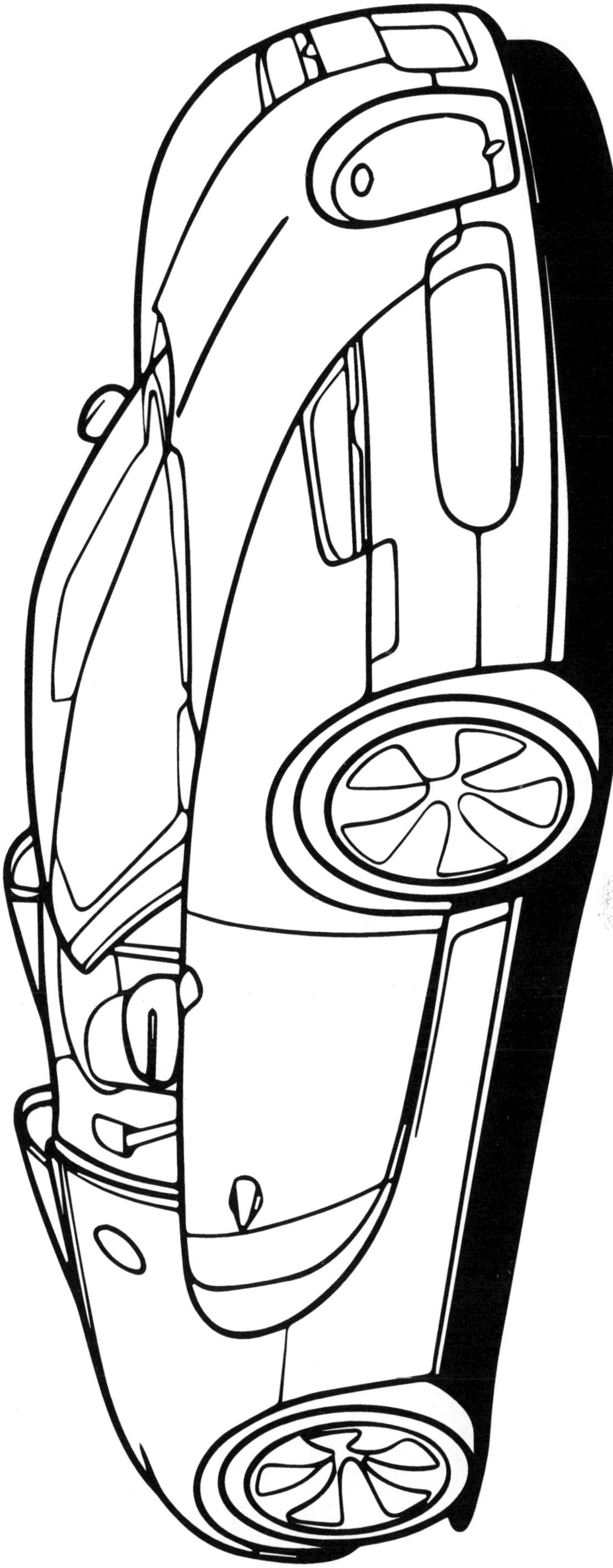

NOTE

Lance Publishing Studio
Lance Derrick
lancepublish.com

Made in the USA
Las Vegas, NV
21 December 2020

14489188R00061